职业技术·职业资格培训教材

营业员

五级

主编 曹静 郑蓓

主审 方名山

中国劳动社会保障出版社

图书在版编目(CIP)数据

营业员：五级/上海市职业培训研究发展中心组织编写．—北京：中国劳动社会保障出版社，2012

1+X 职业技术·职业资格培训教材

ISBN 978-7-5045-9649-9

Ⅰ.①营…　Ⅱ.①上…　Ⅲ.①营业员-技术培训-教材　Ⅳ.①F718

中国版本图书馆 CIP 数据核字(2012)第 076512 号

中国劳动社会保障出版社出版发行

（北京市惠新东街 1 号　邮政编码：100029）

出 版 人：张梦欣

*

三河市华骏印务包装有限公司印刷装订　新华书店经销

787 毫米×1092 毫米　16 开本　11 印张　203 千字

2012 年 5 月第 1 版　2014 年 7 月第 3 次印刷

定价：22.00 元

读者服务部电话：010-64929211/64921644/84643933

发行部电话：010-64961894

出版社网址：http://www.class.com.cn

内容简介

本教材由人力资源和社会保障部教材办公室、中国就业培训技术指导中心上海分中心、上海市职业培训研究发展中心依据上海“1+X”营业员（五级）职业技能鉴定细目组织编写。教材从强化培养操作技能，掌握实用技术的角度出发，较好地体现了当前最新的实用知识与操作技术，对于提高从业人员的基本素质，掌握初级营业员的核心知识与技能有直接的帮助和指导作用。

本教材在编写中根据本职业的工作特点，以能力培养为根本出发点，采用模块化的编写方式。本教材内容共分为9章，包括：商业基础知识、营业员基本素养、商品基础知识、售货准备、售货接待、商品整理、商品陈列、商品销售、常用设备的使用与安全防范。

本教材可作为营业员（五级）职业技能培训与鉴定考核教材，也可供全国中、高等职业技术院校相关专业师生参考，还可供本职业从业人员培训使用。

前　言

职业培训制度的积极推进，尤其是职业资格证书制度的推行，为广大劳动者系统地学习相关职业的知识和技能，提高就业能力、工作能力和职业转换能力提供了可能，同时也为企业选择适应生产需要的合格劳动者提供了依据。

随着我国科学技术的飞速发展和产业结构的不断调整，各种新兴职业应运而生，传统职业中也愈来愈多、愈来愈快地融进了各种新知识、新技术和新工艺。因此，加快培养合格的、适应现代化建设要求的高技能人才就显得尤为迫切。近年来，上海市在加快高技能人才建设方面进行了有益的探索，积累了丰富而宝贵的经验。为优化人力资源结构，加快高技能人才队伍建设，上海市人力资源和社会保障局在提升职业标准、完善技能鉴定方面做了积极的探索和尝试，推出了1+X培训与鉴定模式。1+X中的1代表国家职业标准，X是为适应上海市经济发展的需要，对职业的部分知识和技能要求进行的扩充和更新。随着经济发展和技术进步，X将不断被赋予新的内涵，不断得到深化和提升。

上海市1+X培训与鉴定模式，得到了国家人力资源和社会保障部的支持和肯定。为配合上海市开展的1+X培训与鉴定的需要，人力资源和社会保障部教材办公室、中国就业培训技术指导中心上海分中心、上海市职业培训研究发展中心联合组织有关方面的专家、技术人员共同编写了职业技术·职业资格培训系列教材。

职业技术·职业资格培训教材严格按照1+X鉴定考核细目进行编写，教材内容充分反映了当前从事职业活动所需要的核心知识与技能，较好地体现了适用性、先进性与前瞻性。聘请编写1+X鉴定考核细目的专家，以及相关行业的专家参与教材的编审工作，保证了教材内容的科学性及与鉴定考核细目以及题库的紧密衔接。

职业技术·职业资格培训教材突出了适应职业技能培训的特色，使读者通过学习与培训，不仅有助于通过鉴定考核，而且能够真正掌握本职业的核心技术与操作技能，从而实现从懂得了什么到会做什么的飞跃。

职业技术·职业资格培训教材立足于国家职业标准，也可为全国其他省市开展新职业、新技术职业培训和鉴定考核，以及高技能人才培养提供借鉴或参考。

全书由上海商学院的曹静总撰统稿，方名山审定，郑蓓、殷延海、沈荣耀等参与了大量的编写工作。

新教材的编写是一项探索性工作，由于时间紧迫，不足之处在所难免，欢迎各使用单位及个人对教材提出宝贵意见和建议，以便教材修订时补充更正。

人力资源和社会保障部教材办公室
中国就业培训技术指导中心上海分中心
上海市职业培训研究发展中心

目　录

第1章

商业基础知识

第 1 节　商业的产生与发展

学习目标

➢熟悉商业的内涵

➢了解商业的产生条件与发展

知识要求

商业并不是从开始有人类就出现的，而是在人类社会发展到一定阶段后才出现的产物。

一、商业的内涵

1. 商业的概念

商业是商品交换的发达形式，是专门从事商品流通活动的独立经济部门。由此可见，商业是企业的一种类别，它不从事生产，独立于生产之外，其基本职能是专门从事商品交换。商业的经济活动，就是买进商品，再把它卖出去，在生产者和消费者之间成为商品交换的媒介。

2. 商品流通形式

商品流通就是指以货币为媒介，通过买卖实现商品从生产领域到消费领域的转移过程，是商品交换关系的总和。从整个商品交换的发展历史来看，由于承担交换的主体和交易的方式不同，大致采取了三种形式。

（1）简单商品交换（W—W'）。这里的"W"代表商品，"W'"代表交换的商品。简单商品交换出现在人类社会最初的商品交换中。它之所以简单，是因为采用了一种直接的以一种商品换另一种商品（W—W'）的交换形式。通过这种直接的一物对另一物的交换，双方在让渡自己商品的同时取得对方的商品，这种交换的目的仅仅是满足自己的需要。

（2）简单商品流通（W—G—W'）。这里的"G"代表货币。简单商品流通是在长期的物与物交换的基础上发展起来的。随着商品生产的发展，商品交换的量也发生了变化，直接的物物交换形式常常会受到时间、空间的限制，已不能满足交换发展的需要，需要一种用于交换的中间媒介。于是，经过商品交换的不断实践，在交换中出现了一种固定地充当一般等价物的特殊商品——货币。正是由于货币的出现，商品交换开始演变为商品—货币—商品（W—G—W'）的形式。这种新形式的特点是为了买而卖，表现为商品所有者先将自己的商品换成货币，然后再用货币换回自己需要的商品。由于有一般等价物参与了交换，商品交换的速度和规模有了增长。这种以货币为媒介的商品交换称为简单商品流通。

（3）发达商品流通（G—W—G'）。这里的“G'”代表商品交换后转换成的货币。发达的商品流通形式是货币—商品—货币（G—W—G'），即货币转化为商品，商品再转化为货币。它是由简单商品流通发展而成的，在生产者进行商品交换的基础上，加入了商人，使商品流通成为 G—W—G' 的形式。商人为购买商品暂时垫付货币，通过商品的出售，货币又重新回到了商人手里，但这时获取的货币数量已多于预付的货币，因而，它的特点是为了卖而买。这种在简单商品流通基础上发展起来的以商业为媒介的商品流通称为发达商品流通。

3. 简单商品流通和发达商品流通的异同

简单商品流通与发达商品流通相比较，两者既有共同点，又存在着本质上的区别。

（1）简单商品流通和发达商品流通的共同点

1）两种流通形式都是以货币为媒介的商品交换，存在商品与货币两个基本要素。

2）两种流通形式都是买和卖两个相互对立阶段的统一，由 W—G 和 G—W 两个独立的活动所构成。

3）两种流通形式都基本涉及三个当事人，即买者、卖者和既买又卖者。三个当事人参加，组成了统一循环的商品流通全过程。

（2）简单商品流通和发达商品流通的区别

1）两种流通形式所包含的买和卖这两个对立阶段的次序不同。简单商品流通是先卖后买，发达商品流通是先买后卖。

2）两种流通形式的出发点和归宿不同。在简单商品流通中，商品是过程的出发和归宿，货币是中介。在发达商品流通中，货币是过程的出发点和归宿，商品是中介。

3）两种流通形式的最终目的不同。在简单商品流通中，商品所有者出卖商品，是为了购得所需要的另一种商品，是为买而卖。在发达商品流通中，商人买进商品，是为了把同一商品再卖出去，是为卖而买，是为了取得一定的利润，使原来为购买商品而垫付的货币增值，取得更多的交换价值。

二、商业的产生条件与发展

商业属于历史范畴，是人类社会经济发展到一定阶段的产物。同时，商业也属于经济范畴，它与商品生产、商品交换的产生与发展存在着紧密的联系。商业是随着社会的不断进步和生产力的不断发展而发展的。

1. 商业产生的条件

商业是由一定的基础条件持续不断地作用而催生的。这些基础条件是以生产力的发展为前提的。商业产生的标志是商品交换的出现。没有商品生产和商品交换，就没有商业。商品交换的存在必须具备两个基本条件：一是社会大分工，二是生产资料和劳动产品归不同所有者。

（1）社会大分工。考察商业产生的条件，首先是生产力的发展与社会分工。随着人类社会生产力的发展，必然带来社会的分工。商品生产和商品交换的发展促进了社会分工的扩大，社会分工的扩大又为商品生产和商品交换创造了发展条件。

人类社会历史上发生过三次社会大分工。第一次社会大分工是农业与畜牧业分离。第一次社会大分工以后，社会生产力水平得到了很大提高，生产的产品出现了剩余，人类社会最初的商品交换就产生了。第二次社会大分工是农业与手工业分离。随着社会生产力的提高，手工业发展了起来，出现了以直接交换为目的的生产，即商品生产。第三次社会大分工是生产与交换的分离。由于出现了为交换而生产的经济行为和经济行业，商品生产和商品交换日益发展，它催生了一个不从事生产、专门为商品交换作媒介的阶层——商人。第三次社会大分工是人类社会进入文明时代所特有的、有决定意义的重要分工。

商品生产是指直接以交换为目的的生产，劳动产品不是为生产者自己消费，而是主要为了交换。商品交换是不同劳动产品的相互交换，是商品的全面转手和自由让渡。在商品交换过程中，交换的双方都是一方面让渡自己的商品，另一方面占有别人的商品。商品交换存在于第一次社会大分工以后的各个社会形态之中。人类社会最初出现的商品交换是生产者之间直接进行的物物交换。随着商品交换在数量、范围上的不断扩大，出现了一种以赢利为目的，专门从事买卖活动的行业——商业。商业是商品交换的发达形式，是现代商品交换产生的基本条件。

（2）生产资料和劳动产品归不同所有者占有。人类劳动的社会分工，产生了人们相互交换劳动产品的需要，但劳动产品和商品有本质的区别，劳动产品只有在归不同所有者占有的情况下，才具备了作为商品的条件，即私有制条件下，不同产品所有者才能产生商品交换关系。从历史发展来看，家庭私有制的出现、原始社会的解体、奴隶社会和封建社会的更替，都为商业产生和发展创造了基本条件。

2. 商业的发展

商业产生后，经历了奴隶社会、封建社会，并得到了不同程度的发展。到了资本主义社会，商品交换关系开始渗透到一切领域。资本主义商业的发展，达到了私有制条件下前所未有的高峰。

我国当前实行的是社会主义市场经济，我国商业以公有制为主体、多种经济成分并存。在国家宏观调控和市场的引导下，商业以满足人民群众不断增长的物质和文化生活需要为经营目的，这与其他社会形态的商业有着根本的区别。在社会主义市场经济条件下，商业企业在追求和实现经营目的的同时，通过加快商品流通，满足需要，服务于社会，在推进社会经济发展中取得一定的利润。随着社会主义市场经济的不断发展，大市场正在逐步形成并日趋完善，无论是市场的内涵还是外延都在日益扩展，正表现出大商业、大流通的格局，商业的竞争也不断升级，这对商业企业的经营管理提出了很高的要求。

第 2 节　商业的地位、作用和职能

学习目标

➤了解商业的地位

➤了解商业的作用

➤熟悉商业的社会职能

知识要求

社会主义商业与其他社会形态下的商业有着根本的区别，这就在于社会主义商业经营的目的是为满足人民日益增长的物质和文化需求。正是由于社会主义商业在社会经济发展中的特殊地位、作用与职能，使得商业在推动商品的流通，满足市场需要，引导生产、指导消费等方面发挥了极其重要的作用。

一、商业的地位

社会主义商业在推动社会经济发展中具有重要地位。社会再生产是促进社会经济发展的一个重要方面，生产、分配、交换、消费四个环节循环往复运动构成了社会再生产的一个完整的过程。在这个社会再生产过程中，起点在生产，终点在消费，而交换则作为中间环节联结起点和终点，在社会再生产的循环往复运动中起着重要的流通作用。在社会主义市场经济条件下，作为承担商品交换任务的商业以市场为导向，已成为联结工业和农业、城市和农村、地区和地区以及国民经济各部门的桥梁和纽带。

二、商业的作用

社会主义商业在社会再生产过程中的重要地位决定了它在社会经济发展中具有以下重要作用。

1. 为生产又好又快地发展发挥流通作用

（1）承担必需的生产资料流通工作。

（2）承担消费商品流通工作。

（3）反馈市场需求信息，引导和促进生产。

2. 满足人们日益增长的物质和文化生活的需要

（1）在满足各方面需要的同时，将劳动者在社会分配中得到的货币收入转化为现实的消费品。

（2）影响和指导消费。通过引领消费，满足潜在需要。

3. 促进社会经济发展

（1）在实现商品流通中为国家提供积累资金。

（2）安排就业。商业是劳动密集型产业，安排就业是商业在经济社会发展中起到的又一个重要作用。

三、商业的社会职能

商业的社会职能是由商品流通在社会再生产中所处的中介地位和调节作用所决定的，是商业行业区别于其他经济行业的一个重要标志。商业的社会职能是指商业在社会经济活动中的职责和功能，其独立化的社会职能客观地、普遍地存在和体现在组织与策划商品流通运行之中，具有媒介职能、调节职能、融资职能、风险职能。

1. 媒介职能

商业媒介职能也称交换职能，它是商业最原始、最本质、最基本的职能。商业媒介职能通过商业行为反映在以下两个方面。

（1）促进商品从生产领域向消费领域转移的职能。

（2）实现商业为生产和消费服务的职能。

2. 调节职能

商业调节职能也称统一职能。商业调节职能通过商业行为反映在以下两个方面。

（1）调节商品产销双方在时间、空间上的矛盾。现实的产销双方在时间上、空间上，总是客观存在着一定的间隔和距离，商业通过实体分配（物质转移）职能来加以调节。

（2）连接商品产销之间供求统一。商业调节职能是履行实体分配和连接供求两方面内

容的统一。调节职能通过一系列商业行为来实现。

3. 融资职能

现代社会经济的重要特征之一，就是经济活动的货币化和信用化。商业在组织商品流通中，为取得商品所有权，从事独立的经营活动，在履行媒介和调节职能的同时，必然派生出融资职能。在现实经济活动中，商业的融资职能反映在以下两个方面。

（1）企业间的信用融资。主要是商业部门为取得商品所有权所采取的先付或后付资金的方式。所谓信用，是指借用资金的运动形式，如赊销、票据支付、预付等商业信用。

（2）消费者的信用融资。消费者信用融资的形式，最初由零售商的赊销开始，逐步发展到分期付款和信用卡等形式。

4. 风险职能

风险职能是商业媒介、调节基本职能所派生的又一重要辅助职能。商业风险职能就是商业行为中必须承担的各种风险，即市场风险。风险职能主要表现在以下两个方面。

（1）承担自身应负的风险。如决策风险等。

（2）承担市场因素引起的风险。如价格波动、供求变化等风险。

商业风险分为静态风险（流通中主观上的失误和商品变质、损坏、丢失等）和动态风险（如市场经营环境变化等）。商业要对各种主观的、社会的、经济的、自然的因素所带来的损失、亏损或失去的预期利益独立承担风险。

第 2 章

营业员基本素养

第 1 节　商业道德

学习目标

- 了解商业职业道德建设的内涵
- 了解商业职业道德建设的指导思想
- 掌握商业职业道德建设的主要内容

知识要求

一、商业职业道德建设的内涵

社会主义商业职业道德建设是围绕服务人民、推动社会发展展开的，在社会主义建设的各个阶段，社会主义商业职业道德建设的内涵不断被注入丰富的内容，尤其是在社会主义市场经济条件下，要求商业从业人员立足于服务社会、服务人民，自觉抵制拜金主义思想的侵蚀，在搞好商品流通、满足社会需要中获得双赢。

1. 道德与职业道德

道德是社会意识形态之一，是靠社会舆论、内心信念和传统习惯的力量，来调整社会活动中人们之间以及个人与社会之间关系的行为规范的总和。一定的道德品质和修养反映了人们的思想、行为和情操，人的道德水准是人的素质的基本标志。

随着职业活动的发展，调节职业关系的职业道德也形成并发展起来。所谓职业，是指人们在社会分工和劳动分工中，比较长期稳定地从事的某种劳动。职业道德是指人们在正当的职业活动中，调整与职业内外人与人之间关系应遵循的行为规范。也就是说，从事同一职业的人们，由于其特殊的活动形式、内容、特点和经历等，逐渐形成了独具特色的表现，即特殊的职业理想、职业义务感、职业纪律要求，以及特殊的职业行为规范、道德准则等，这就是职业道德。职业道德是一般社会道德在职业生活中的特殊要求，带有明显的职业特征。

2. 社会主义商业职业道德的概念和特征

商业职业道德是指商业从业人员在商业活动中必须遵循的道德原则和要求。它是整个职业道德体系的重要组成部分，反映了商业的行业特征，调整着商业活动中的各种关系，影响着商业以至于社会生活的正常进行。

社会主义商业职业道德，是社会主义道德原则和规范在商业行业中的具体体现，是社会主义商业基本特征的反映，也是商业从业人员在工作中应遵循的思想和行为准则。

社会主义商业职业道德以为人民服务、对人民负责为核心内容，在批判地继承传统商业道德的基础上，在长期的职业实践中逐步形成和日趋完善。所以，对消费者热情、耐心、买卖公平、真心诚意、利民便民等就是商业的职业道德规范。

社会主义商业道德既具有社会主义社会道德的特点，又具有一般职业道德的共同特点，更具有商业本身在市场经济条件下的职业特点，归纳起来，主要有以下四个方面的特征。

(1) 服务性。商业行业既不生产原料和农产品，又不生产工业加工产品，与其他行业是不一样的。商业的服务性特点是很明显、很突出的，商业的直接服务对象是人。社会主义商业的主要任务就是为社会生产服务，为人们生活服务。因此，服务是商业工作的目的。

(2) 公平性。在社会主义市场经济条件下，必须实行等价交换原则，商品流通必然要受到等价交换原则的制约，这就决定了商业道德必须实行“买卖公平”。这种公平交易的精神被称为商业道德上的公平性。

(3) 政策性。国家的商业法规是代表人民的根本利益的，由于商业活动与人民经济利益的关系十分密切，因而政策性很强，一切商业活动都要在国家政策指导下进行，每一个商业从业人员都要自觉地执行国家政策，这是商业道德的又一个重要特点。

(4) 媒介性。商业是沟通生产和消费的桥梁，是联结城市与农村、工业与农业的纽带，专门对商品交换起中介作用。商业所处的地位是媒介者的地位，社会对其职业道德会提出特殊的要求。商业职业道德的媒介性集中表现在生产和消费的作用。

商业与人民群众接触最直接，与生产企业和中介服务组织联系最紧密，经营活动最频繁、最开放，是推进社会文明进步的重要窗口。当前，社会信用、企业信用、商业信用、个人信用等方面都不同程度地存在一些亟待解决的问题，假冒伪劣、欺诈贿赂、偷税漏税、逃避债务等扰乱市场秩序的现象仍很突出。因此，加强商业职业道德建设的任务既紧迫又艰巨，特别是在大力整顿和规范市场经济秩序的新形势下，更具有十分重要的现实意义。

二、商业职业道德建设的指导思想、基本原则和主要任务

1. 商业职业道德建设的指导思想

商业职业道德建设要以马列主义、毛泽东思想、邓小平理论和“三个代表”重要思想

为指导，以科学发展观为统领，认真贯彻《公民道德建设实施纲要》，以“爱国守法、明礼诚信、团结友善、勤俭自强、敬业奉献”为基本道德规范，以规范市场经济秩序和建立良好商业信用体系为目标，大力倡导“守法、诚信、公平、敬业、服务”的商业职业道德准则，培养造就有理想、有道德、有文化、有纪律的商贸流通队伍，努力建立与社会主义市场经济发展要求相适应的商业信用体系。

2. 商业职业道德建设的基本原则

商业职业道德建设的基本原则，集中到一点，就是全心全意为人民服务。这既是一般职业道德的基本原则，也是商业道德的基本原则。应以此为准绳，来确定商业职业道德建设的原则。

商业职业道德建设的原则包括：坚持商业职业道德建设与公民道德建设基本规范要求相适应；坚持继承传统商业美德与弘扬时代精神相结合；坚持遵守法律法规与加强行业自律相统一；坚持商业职业道德教育与社会实践相配合。既立足商品流通改革和发展的需要，又紧密结合行业自身特点和行业发展变化的趋势；既包括大型企业，又兼顾中小型企业，以诚实守信、杜绝假冒伪劣为核心内容，全面推动商业职业道德建设。

3. 商业职业道德建设的主要任务

商业职业道德建设的主要任务包括：通过加强职业观念、职业态度、职业技能、职业纪律、职业作风、职业责任等方面的教育，全面提升商业行业从业人员的职业道德水平；通过倡导“守法、诚信、公平、敬业、服务”的商业职业道德准则，引导商业从业人员树立“信誉第一、质量第一、服务第一、顾客第一”的经营理念和服务意识；通过建立健全商业企业信用和个人信用档案体系，促进商业信用体系的形成和发展。

三、商业职业道德建设的主要内容

商业职业道德建设的内容要与社会主义经济发展的要求相适应，是社会主义精神文明建设的一个重要方面。其内容既要符合社会主义道德的要求，又要具有鲜明的行业特征，内容相当广泛。其中，主要内容包括守法、诚信、公平、敬业和服务。

1. 守法

遵守法律是商业企业经营活动的基础，企业的一切经营活动必须严格按照国家的法律、法规和标准进行规范和约束。要切实做到知法、懂法、守法，严格依法管理、依法经营，杜绝有法不依、违法经营的现象。特别要遵守《中华人民共和国消费者权益保护法》（以下简称《消费者权益保护法》）《中华人民共和国产品质量法》（以下简称《产品质量法》）《中华人民共和国食品卫生法》（以下简称《食品卫生法》）等，使依法经商渗透到企业经营活动的各个环节。

2. 诚信

诚信是商业职业道德建设的核心内容，是商业企业和商业从业人员在市场中立足的最基本要求。诚实是人的品质，这种品质最显著的特点是能够讲真话，说话算数，说到做到。具体体现在营业员在介绍商品时要实事求是，维护消费者利益；要因人而异，尊重消费者；要态度诚恳，语言准确鲜明。商业企业应以“货真价实、买卖公平”为经营原则，以“诚信为荣、虚假为耻”为经营理念，使诚实守信的商业道德规范落到实处。

3. 公平

公平是现代文明社会的总体要求，也是构建和谐社会的重要基础。对商业企业来讲，公平是开展经营的最基本要求。要坚决反对和消除买卖不公、哄抬物价等各种损害消费者利益和商业信誉的错误行为，牢固树立公平、负责的经营作风。

4. 敬业

爱岗敬业是每个从业人员必须遵循的基本道德规范，是职业道德的基本精神。爱岗，就是热爱自己的本职工作，能够为做好本职工作尽心尽力。敬业，就是用一种恭敬严肃的态度对待自己的职业，即对自己的工作要钻研、认真、负责任。要大力倡导敬业奉献的职业精神，树立正确的职业观念；要通过开展岗位培训、岗位练兵等活动，培养和造就一批职业道德水平高、业务素质过硬的队伍。

5. 服务

商业企业经营的宗旨是一切为了方便人民群众，全心全意为人民服务。服务人民群众是为人民服务的道德要求在商业职业道德中的具体体现，是每个商业从业人员必须遵守的道德规范。服务至上揭示了为人民群众提供服务是商业行业的职责。服务至上的具体要求就是每个商业从业人员心里应当时时刻刻为人民群众着想，急人民群众所急，忧人民群众所忧，乐人民群众所乐，最大限度地满足人民群众的消费需求。

第 2 节　营业员个人素质

学习目标

➢熟悉营业员职业道德规范

➢掌握营业员必备的品格

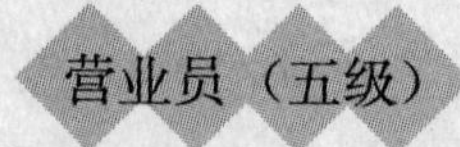

知识要求

一、营业员职业道德规范

营业员职业道德规范是指营业员在职业行为中必须遵循的道德准则，其核心就是文明经商，即要做到“公平买卖，热诚服务”。营业员职业道德规范的主要内容包括以下几个方面。

1. 坚持等价交换、买卖公平

等价交换、买卖公平体现了商业从业人员良好的商业道德素质，是企业立足市场、取得消费者信任的重要原则，体现了企业经营的指导思想。它也是塑造和树立良好企业形象的重要基础。只有坚持了这一点，才能使企业的经营不断地发展，企业也因此才能形成一定的消费群和惠顾者。

在日常的经营服务工作中，营业员要做到等价交换、买卖公平，首先在思想意识上要有为人民服务的观念，其次在具体操作上要按照规范进行。一是在对商品进行明码标价时，要体现完整、准确、醒目、美观的原则，并公布监督措施，接受监督。二是要切实贯彻落实好国家的物价政策，维护好消费者的利益，不见利忘义。在商品销售中，坚持按质论价，根据商品的质量、等级等进行分等论价、优质优价、次质次价、同质同价，充分体现商品交换的等价原则。三是充分尊重消费者的消费意愿，不强行推销，不误导消费，不言而无信，不搭售商品，不出售“三无”商品，做到一视同仁、自由退换。四是要做到秤平、提满、尺码足，坚持在适度范围内让利于消费者。五是要严格遵守商业经营的相关法律法规，以高度认真负责的态度经商，维护好消费者的合法权益。

2. 保证商品质量

商业从业人员有责任也有义务保证商品质量，维护消费者应享有的权利。消费者之所以购买商品，是因为商品所具有的使用价值，商品质量的高低对商品正常功能的发挥影响很大，因此，追求商品的质量是消费者购买商品的目的所在，也是消费者的最大利益，营业员理应向消费者提供质量符合标准的商品。要做到确保商品质量，营业员首先要在思想上高度重视商品质量。无论是在外观上，还是在内部结构上，商品不管存在什么样的瑕疵或不足，都不能销售给消费者，要站在消费者利益的角度上看问题。由此扩展开来，还要杜绝经销假冒伪劣和“三无”商品。营业员人人都要成为商品质量的把关员，将不合格和质量差的商品拒绝在柜台之外，只有在思想上高度重视才能把好质量关。

保证商品质量，还要重视在库商品的保管，这就需要做好两方面的工作：一是营业员具有相关商品知识，熟悉商品的性能和保管要求；二是要按照科学保管和养护商品的要求，制定商品在库保管的相关规定，以确保商品质量并保证在保质期内销售。

3. 对待消费者要真诚守信

在市场经济的竞争环境下，营业员要善待消费者，对消费者要真诚守信。营业员对待消费者的一言一行都要真诚守信，做到讲信誉、重承诺、守信用。营业员要像维护自己的声誉一样维护商店的信誉，只有营业员在日常接待消费者的过程中，一言一行都真诚守信，以真诚的服务来赢得消费者的信任，才能在消费者中树立良好的信誉。

4. 礼貌待人，做到主动、热情、耐心、周到

我国是礼仪之邦，有着礼貌待人的处世原则。在商业经营活动中，对消费者有礼貌，做到主动、热情、耐心、周到，既是民族文化传统，也是商业企业营造和谐消费环境的一个重要方面。营业员在接待消费者时，应该牢记这一点，不能以小而不为，更不能将个人的情绪带到工作中，怠慢甚至冲撞消费者。

礼貌待人，主动、热情、耐心、周到的内涵相当丰富，在整个商品销售的过程中，营业员都要把握好。当消费者进入营业柜台区域，营业员就应该察言观色，根据需要及时主动地与消费者打招呼。消费者进入营业柜台区域前，营业员就应该做好相应的接待准备，并通过辨别消费者的类型，区分究竟是走走看看的还是特意来寻购商品的。若是后者应该及时主动地招呼；否则，消费者会感到服务不到位，营业员对其不热情。在主动询问消费者需要和介绍商品时，要始终保持一种不卑不亢的热情态度，做到态度要和蔼，语言要亲切，语调要和谐，不论消费者买与不买、买多买少都同样对待。同时，要耐心回答消费者（尤其是一些老年消费者）对商品质量情况提出的问题。耐心，还要求营业员在回答消费者问题时用词要达意，语义要明确，不使用有歧义的语言。特别是在消费者退换商品时，营业员更要做到耐心。只有这样，才能够在消费者中树立良好的形象和信誉。总之，礼貌地对待每一位消费者，主动、热情、耐心、周到地提供服务，是每一位营业员的职责。

5. 廉洁奉公

廉洁奉公就是要求营业员在从事经营活动中不以岗位职责来牟取私利。在市场经济条件下，社会发展多元化，各种利益相互交织，营业员要经得起考验。尤其是在每天接触大量的商品和钱款的情况下，要头脑清醒，不属于自己的东西千万不能占为己有。特别是在从事进货业务时，要自觉抵制来自各方面的诱惑，认真贯彻落实好反商业贿赂的规定，自尊、自重、自爱，廉洁经商。同时，在促销中，要严格遵守国家有关法律法规和相关规定，不行贿团体消费，维护好企业的声誉。

二、营业员必备的品格

1. 亲和力

亲和力指的是人与人之间的信息沟通与情感交流的能力。现实生活中，当你与一个陌生人初次相见，就被他的亲切而又风趣幽默的谈吐所吸引，那么这就是他的亲和力在起作用。作为一名营业员，在面对顾客时拥有这种亲和力是至关重要的，因为没有人愿意和那些冷若冰霜、拒人于千里之外的人打交道。

只有拥有了易于让人接近的亲和力，才能吸引顾客。而且，拥有亲和力也不仅仅是为了吸引顾客，同时也能够使营业员每天保持一种轻松、自信、乐观、和谐的心态。

2. 交际能力

要做一名优秀的营业员，应该具有广泛的社交知识和灵活的处世态度。在接待顾客时，应保持热情，不卑不亢。遇到顾客挑剌时，应该头脑冷静，不管在什么情况下，都不能伤害顾客的自尊心。在顾客投诉或者发表意见时，应该用心聆听，不要随意打断对方的倾诉，在明白了顾客的真实意图后再进行灵活的处理。同时，应该尽可能地夸赞顾客的优点，而且不论顾客各方面的缺点如何明显，都不能去横加指责。总之，尊重顾客是营业员必备的品质之一。

3. 诚信

为了提高商场在顾客心目中的诚信度，营业员应该将疏漏减至最低。一旦出差错，就很可能会损害商场的信誉。如果顾客不相信你，对商场总是持怀疑态度，自然不会再次光顾。因此，平时在和顾客打交道时，一定要做到言行一致，说出的话一定要做到，不要出尔反尔，这样才能保证顾客接受商场商品或服务。

4. 积极主动

即对任何事情都积极主动地去面对。无论何时都要去主动地迎接挑战，积极去解决所遇到的问题。

积极主动有时还反映在对顾客的言行进行恰当的回应上，比如，当顾客开玩笑、讲笑话时，如果营业员冷若冰霜，视而不见，这也会影响顾客的心情。顾客虽然不需要与营业员分享快乐，但也绝不会希望破坏他的心情。所以，营业员一定要与顾客融合在一起，适时地笑，适时地发表看法。但切记其中绝不能含有耻笑的成分。

5. 自信

营业员要想具有充足的自信心，唯一的办法就是熟悉业务。具备了相当的经验，才能使自己充满信心。要培养信心，首先要详尽地了解商店的情况，多向有经验的同事学习，请教有关专业知识和业务知识，然后在顾客面前谦虚谨慎地发表个人看法。

6. **责任心**

一个没有责任心的人是做不好任何事情的。能否自己管理自己并养成良好的工作习惯，这取决于个人的责任心。在工作中遇到的所有问题，不管是好事还是坏事，都应负责任。事实上，对商店、对顾客负责任，也是对自己负责任。

7. **具有足够的忍耐力**

营业员面对的是一项相当辛苦而枯燥的工作，而且在营业过程中经常会遇到一些难以预料的突发情况，尤其是来自顾客方面的问题，就更需要营业员去耐心处理。

8. **开朗乐观**

在生活中我们不难发现，那些开朗乐观的人总是充满笑容，笑对外面的世界。营业员良好的情绪能够起到很好的感化作用，能够使整个商店的气氛融洽祥和，这对于直接接触顾客的店铺式经营是非常重要的，因为所有的顾客都会愿意与那些看起来更友善的人打交道、做交易。

第3节　消费者权益保护法

学习目标

- 了解消费者权益保护法的内容
- 掌握消费者权益争议的解决方法
- 熟悉损害消费者权益行为的法律责任

知识要求

一、消费者权益保护法的内容

消费者权益保护法是国家为维护消费者在消费过程中的合法权益而制定的相关法律。消费者权益保护法的出台和施行，标志着我国在规范商品流通秩序方面又上了一个新的台阶。营业员是代表商店与消费者打交道，在与消费者接触的过程中，应该严格按照消费者权益保护法来规范自己的商业行为。所以，营业员要熟悉并掌握消费者权益保护法的相关知识，做到守法经商。

1. **消费者权益保护法的颁布**

《中华人民共和国消费者权益保护法》于1993年10月31日经第八届全国人民代表大会常务委员会第四次会议通过，自1994年1月1日起施行。这部法律是我国消费者权益保护的一部基本法，它全面规定了消费者的各项消费权利，在保护消费者权益方面具有较强的可操作性。

（1）消费者与消费者权益保护法的概念。消费者是指为了生活消费需要购买、使用商品或者接受服务的自然人和法人。这里所说的消费者有着特定的含义：消费目的是生活消费；消费对象是商品和有偿服务；消费方式是购买、使用和接受；消费主体是自然人和法人，主要是指自然人，即公民个人。消费者权益保护法则是指调整国家、经营者和消费者三者之间在保护消费者权益的过程中发生的社会关系的法律规范的总称。

（2）消费者权益保护法的立法宗旨及适用范围，具体包括以下几个方面。

1）消费者权益保护法的立法宗旨。通过制定保护消费者权益的专门法律，保护消费者的合法权益，维护社会经济秩序，促进社会主义市场经济的健康发展。消费者权益保护法的首要宗旨在于保护经济上处于弱势地位的消费者；维护社会经济秩序，是切实保护消费者合法权益的要求；促进社会主义市场经济的健康发展，是保护消费者合法权益和维护经济秩序的内在要求和必然结果。社会主义市场经济是法制经济，完善对消费者权益保护的法律制度，其作用必然是促进社会主义市场经济的健康发展。

2）消费者权益保护法的适用范围。消费者为生活消费需要购买、使用商品或者接受服务，其权益受消费者权益保护法保护；经营者为消费者提供其生产、销售的商品或者提供服务，应当遵守消费者权益保护法。具体的范围包括：①为消费需要购买、使用商品或者接受服务的个人；②为生活消费需要购买、使用商品或者接受服务的单位；③购买、使用直接用于农业生产的生产资料的农民；④购买者的家庭成员；⑤应购买者邀请使用商品的人。

（3）保护消费者权益的基本原则。保护消费者权益的基本原则包括自愿原则、平等原则、公平原则、诚信原则、特殊保护消费者权利原则和社会监督原则。

1）自愿原则。自愿原则是指消费者与经营者在商品交易和接受、提供服务的过程中，能够依照各自的意愿，设立、变更和终止相互间的权利义务关系。

2）平等原则。平等原则是指参加交易的消费者和经营者的法律地位是平等的，没有大小、强弱之分。

3）公平原则。公平原则是指消费者和经营者在进行交易的过程中，应公平合理，按照价值规律等价交换。

4）诚信原则。诚信原则是指消费者和经营者在交易过程中应当诚实、恪守信用，不得使用欺诈的方式损人利己。

5）特殊保护消费者权利原则。特殊保护消费者权利原则是指在处理消费者和经营者关系时，应对消费者给予特殊、倾斜的保护。当消费者的权利和经营者的权利发生冲突时，应优先保护消费者的权利。

6）社会监督原则。社会监督原则是指社会各界，特别是消费者组织、新闻媒体以及广大消费者，都有权对保护消费者合法权益进行监督。

2. 消费者的权利

消费者的权利是消费者在消费领域中所具有的权利，即在法律的保障下，消费者为生活消费需要购买、使用商品或接受服务时，有权自己做出决定的行为。消费者的权利是消费者利益在法律上的体现。

消费者依法享有广泛的权利，这些权利主要包括以下几个方面。

（1）保障安全权。保障安全权是指消费者在购买、使用商品和接受服务时享有人身、财产安全不受损害，包括消费者的生命安全权和健康安全权。

（2）知悉真情权。知悉真情权或称知情权、了解权，是指消费者享有知悉其购买、使用商品或者接受服务的真实情况的权利。消费者有权根据商品或者服务的不同情况，要求经营者提供商品的价格、产地、生产者、用途、使用方法说明书、售后服务等有关情况，即经营者向消费者提供的各种情况应当是客观的，而不是虚假的。

（3）自主选择权。自主选择权是指消费者根据自己的意愿，自主选择其购买的商品及接受服务的权利。包括：消费者有权自主选择提供商品或者服务的经营者；消费者有权自主选择商品品种或者服务方式；消费者有权自主决定购买或者不购买任何一种商品，接受或者不接受任何一种服务；消费者在自主选择商品或服务时，有权进行比较、鉴别和挑选。

（4）公平交易权。公平交易权是指消费者在与经营者进行的消费交易中享有公平交易的权利。包括：消费者有权要求商品具备公众普遍认为其应当具备的功能，即商品应具有适销性；消费者有权要求商品或服务的价格合理；消费者有权要求商品或服务的计量准确；交易必须在自愿的基础上进行，强制交易是违反消费者意愿的交易行为。

（5）获得赔偿权。获得赔偿权是指消费者因购买商品、使用商品或者接受服务而受到人身、财产损害的，享有依法获得赔偿的权利。

（6）依法成立社会团体权。消费者享有依法成立维护自身合法权益的社会团体的权利。这项权利也是宪法赋予公民的权利。所谓依法，是指消费者成立维护自身合法权益的社会团体，必须向民政主管部门提出申请，并得到批准。

（7）获得知识权。消费者享有获得知识的权利，是指消费者享有获得有关消费和消费者权益保护方面知识的权利。

（8）维护尊严权。消费者在购买、使用商品或接受服务时，享有其生命健康权、姓名权、肖像权、名誉权、荣誉权、个人隐私和民族风俗习惯得到尊重的权利。

（9）监督批评权。监督批评权是指消费者享有对有关商品和服务的价格、质量、品种、供应量、供应方式、服务态度、侵权行为等问题以及保护消费者权利工作进行监督的权利，有权向有关经营者或有关单位提出意见、建议或进行检举、控告。

消费者的这九项权利，不仅是消费者自我保护的基础，也是消费者权益保护法立法的基础和核心内容。尊重和保障消费者在法律上的权利是全社会的责任，国家必须采取实际措施保护消费者的权利不受侵害，经营者必须保证自己的商品和服务不损害消费者的利益。作为消费者自己，有了法律赋予的权利，应当更加珍惜，在日常消费生活中权益受到侵害时，应当积极地通过法律来维护自身权利。

3. 经营者的义务

经营者的义务是与消费者的权利相对应的，它既是经营者依法从事经营活动的行为准则，又是保障消费者权利得以实现的根本措施。为了保护消费者权益，经营者必须履行一系列义务，主要包括以下几方面。

（1）依法或按约履行义务。经营者的义务有法定义务和约定义务两种。经营者的法定义务是消费者在与经营者进行交易时无须另行约定的义务，属经营者的默认担保范畴。经营者的约定义务是指经营者和消费者可以在进行某项具体交易时，就双方的义务进行约定。但是，双方的约定不得违背法律法规的规定。具体内容如下。

1）经营者向消费者提供商品或者服务，应当依照《产品质量法》和其他有关法律法规的规定履行义务。

2）经营者和消费者有约定的，应当按照约定履行义务，但双方的约定不得违背法律法规的规定。

3）经营者向消费者提供商品或者服务，按照国家规定或者与消费者的约定，承担包修、包换、包退或者其他责任的，应当按照国家规定或者约定履行，不得故意拖延或者无理拒绝。

（2）听取意见和接受监督。为了保障消费者监督批评权的实现，法律规定，经营者应当听取消费者对其提供的商品或者服务的意见，接受消费者的监督。把消费者的意见作为改进商品质量，提高服务水平的重要依据。

（3）保障人身和财产安全。法律规定，经营者应当保证其提供的商品或者服务符合保障人身、财产安全的要求。对可能危及人身、财产安全的商品和服务，应当向消费者作出真实的说明和明确的警示，并说明和标明正确使用商品或者接受服务的方法以及防止危害发生的方法。经营者发现其提供的商品或者服务存在严重缺陷，即正确使用商品或者接受服务仍然可能对人身、财产安全造成危害的，应当立即向有关行政部门报告和告知消费者，并采取防止危害发生的措施。

(4) 不做虚假宣传。为了保障消费者知悉真情权的实现，法律规定了以下内容。

1) 经营者应当向消费者提供有关商品或者服务的真实信息，不得做使消费者误解的虚假宣传。

2) 经营者对消费者就其提供的商品或者服务的质量和使用方法等问题提出的询问，应当作出真实、明确的答复。

3) 商店提供商品应当明码标价。

4) 经营者应当标明其真实名称和标记。

5) 租赁他人柜台或者场地的经营者，应当标明其真实名称和标记。

(5) 出具相应的凭证和单据。为了保障消费者获得赔偿权等权利的实现，法律规定了以下内容。

1) 经营者应当依据法律和商业惯例主动向消费者出具购货凭证或服务单据。

2) 经营者不得拒绝消费者对有关凭证和单据的索求。

(6) 提供符合要求的商品或服务。为了使消费者通过公平交易得到符合其要求的商品或服务，法律规定了以下内容。

1) 经营者应当保证在正常使用商品或者接受服务的情况下，其提供的商品或者服务应当具有的质量、性能、用途和有效期限；但消费者在购买该商品或者接受该服务前已经知道其存在瑕疵的除外。

2) 经营者以广告、产品说明、实物样品或者其他方式表明商品或者服务质量状况的，应当保证其提供的商品或者服务的实际质量与表明的质量状况相符。

(7) 不得从事不公平、不合理的交易。为了保障消费者的公平交易权等权利的实现，法律规定，经营者不得以格式合同、通知、声明、店堂告示等方式作出对消费者不公平、不合理的规定，或者减轻、免除经营者损害消费者合法权益应当承担的民事责任。否则，其内容无效。

(8) 不得侵犯消费者的人身权。为了保障消费者维护尊严等人身权，法律规定，经营者不得对消费者进行侮辱、诽谤，不得搜查消费者的身体及其携带的物品，不得侵犯消费者的人身自由。

二、消费者权益争议的解决方法

1. 对消费者权益保护的管理和监督

《消费者权益保护法》明确规定，由各级人民政府负责领导、组织、协调、督促有关部门做好保护消费者合法权益工作。有关国家机关应依法惩处侵害消费者权益的违法犯罪行为。人民法院对符合起诉条件的消费者权益争议，必须受理，并及时审理。

消费者协会和其他消费者组织是依法成立的对商品和服务进行社会监督的保护消费者合法权益的社会团体，法律规定了消费者协会应履行的职能。

2. 消费者权益争议解决的途径

消费者和经营者发生消费者权益争议的，可以通过下列途径解决。

（1）与经营者协商和解。消费者与经营者在进行交易过程中，遵循的是自愿、平等、公平及诚实信用的原则。双方作为平等民事主体，在交易中形成的民事权利义务关系是协商一致的结果。为此，在出现纠纷时，首先鼓励当事人通过协商和解的方式去解决。

（2）请求消费者协会调解。消费者协会受理投诉后，在 60 日内作出调解，调解达成协议的，消费者协会可以根据消费争议双方的要求，制作调解协议书；对于调解不成的，消费者协会应当告知当事人通过其他途径解决。消费者协会在受理消费投诉过程中，发现该消费争议已由其他消费者协会受理或者调解的，可以终止受理。

（3）向有关行政部门申诉。有关行政管理部门受理消费者申诉后，应当依法对经营者的经营行为进行审查，发现经营者的经营行为违反法律、法规或者规章的，应依法作出处理，同时督促经营者对消费者作出赔偿或者承担其他民事责任。

（4）根据与经营者达成的仲裁协议提请仲裁机构仲裁。根据《仲裁法》的规定，消费者就消费纠纷提请仲裁机构仲裁的，必须与经营者达成仲裁协议，否则仲裁机构将不予受理。

（5）向人民法院提起诉讼。当消费者与经营者发生消费者权益争议时，经协商、调解和仲裁无效的，可以向人民法院提起诉讼。消费者的诉讼必须向有管辖权的法院提出，一般情况下应向被告所在地的基层人民法院提起诉讼，当消费者人身受到伤害时，也可向伤害行为地的法院提起诉讼。

3. 对损害消费者权益行为的处罚

《消费者权益保护法》对各种损害消费者权益的行为明确了处罚的法律依据和处罚方式。对有一般违法行为的经营者，《消费者权益保护法》规定处以警告、没收非法所得、罚款、停业整顿，甚至吊销营业执照等行政处罚；对严重扰乱社会秩序的，由公安机关依照《中华人民共和国治安管理处罚法》处罚；对触犯刑法的依法追究刑事责任。此外，对于经营者违反《消费者权益保护法》规定并给消费者权益带来损害的，消费者有权要求赔偿，经营者要承担民事责任。

4. 损害赔偿责任的承担

当消费者的合法权益受到损害时，消费者可以依法要求经营者承担损害赔偿的责任。具体包括以下几种情形。

（1）消费者在购买、使用商品时，其合法权益受到损害的，可以向销售者要求赔偿。消费者或者其他受害人因商品缺陷造成人身、财产损害的，可以向销售者要求赔偿，也可以向生产者要求赔偿。

（2）消费者在接受服务时，若其合法权益受到损害，消费者可以向服务者要求赔偿。

（3）消费者在购买、使用商品或者接受服务时，其合法权益受到损害，因原企业分立、合并的，消费者可以向变更后承受其权利义务的企业要求赔偿。

（4）使用他人营业执照的违法经营者，若其提供的商品或服务损害了消费者的合法权益，则消费者可以直接向其要求赔偿，也可以向营业执照的持有人要求赔偿。

（5）消费者在展销会、租赁柜台购买商品或者接受服务，其合法权益受到损害的，可以向销售者或者服务者要求赔偿。

（6）消费者因经营者利用虚假广告提供商品或者服务，其合法权益受到损害的，可以向经营者要求赔偿。

三、损害消费者权益行为的法律责任

1. 经营者提供商品或者服务存在下列情况的应承担民事责任。

（1）商品存在缺陷的。

（2）不具备商品应当具备的使用性能而出售时未作说明的。

（3）不符合在商品或包装上注明采用的商品标准的。

（4）不符合商品说明、实物样品等方式表明质量状况的。

（5）生产国家明令淘汰的商品或者销售失效、变质的商品的。

（6）销售的商品数量不足的。

（7）服务的内容和费用违反约定的。

（8）对消费者提出的修理、重做、更换、退货或者赔偿损失的要求，故意拖延或者无理拒绝的。

（9）法律、法规规定的其他损害消费者权益的情形。

2. 经营者提供商品或者服务，造成消费者或者其他受害人人身伤害的，应当支付医疗费、治疗期间的护理费、因误工减少的收入等费用；造成残疾的，还应当支付残疾者生活自助用具费、生活补助费、残疾赔偿金以及由其抚养的人所必需的生活费等费用；构成犯罪的，依法追究刑事责任。

3. 经营者提供商品或者服务，造成消费者或者其他受害人死亡的，应当支付丧葬费、死亡赔偿金以及由死者生前抚养的人所必需的生活费等费用；构成犯罪的，依法追究刑事责任。

4. 经营者提供商品或者服务，造成消费者财产损害的，应当按照消费者的要求，以修理、重做、更换、退货、补足商品数量、退还货款和服务费用或者赔偿损失等方式承担民事责任。消费者与经营者另有约定的，按照其约定履行。

5. 对国家规定或者经营者与消费者约定包修、包换、包退的商品，经营者应当负责修理、更换或者退货。在保修期内两次修理仍不能正常使用的，经营者应当负责更换或者退货。

6. 国家明文规定，商品超过保修期和保证期而产生的纠纷，不予受理。

第3章

商品基础知识

第 1 节　商品知识

学习目标

➢了解商品的分类

➢熟悉商品目录和商品代码

➢熟悉商品编号

➢掌握商品规格

知识要求

商品是用来交换的劳动产品。在商品市场上，买卖双方在法律范围内所共同指向并达成交易的对象就是商品。因此，商品的范围相当广泛，它是人们维持生产、进行劳动力再生产所必需的物质和精神方面的具有使用价值的东西。

一、商品的分类

1. 商品分类标志

商品分类标志的选择是商品分类的基础，是一项十分重要而细致的工作。商品分类可供选择的标志很多，商品的用途、原材料、生产加工方法、化学成分、使用状态等是最常采用的分类标志。

（1）按商品的用途分类。商品的用途是体现商品使用价值的标志，同时还是探讨商品质量的重要依据，所以按商品的用途分类，在实际工作中应用最广泛。它不仅适用于商品大类的划分，也适用于对商品种类、品种等的进一步详细分类。例如，根据商品的基本用途，将商品分为生产资料商品与生活资料商品两大类。生活资料商品又按不同用途分为食品、衣着用品、家用电器、日用品等类别。日用品又可按用途分为鞋类、玩具类、洗涤用品类、化妆品类等。化妆品按用途还可以再分为皮肤用和毛发用化妆品。在此基础上还可以细分，如毛发用品可以分为清洁类、护发养发类、染发剂等。以用途为标志的分类方法，便于对相同用途的商品质量进行分析比较，有利于消费者按用途选购商品；有利于商品生产者提高商品质量，开发商品新品种；有利于商业部门搞好商品的经营管理。但对于多用途的商品则不宜采用这种分类标志。

（2）按商品的原材料分类。原材料的种类和质量，在很大程度上决定了商品的性能和质量。选择以原材料为标志的分类方法是商品的重要分类方法之一。例如，纺织品以原材料为标志分为棉织品、麻织品、丝织品、毛织品、化纤织品、混纺织品等；皮鞋以原材料为标志分为牛皮鞋、猪皮鞋、羊皮鞋等。以原材料为分类标志，商品分类清楚，但对于多种原材料构成的商品，不宜采用这种标志进行分类，如电冰箱、电视机、钟表等。

（3）按商品的生产加工方法分类。很多商品，即使采用相同的原材料制造，由于生产方法和加工工艺不同，所形成商品的质量水平、性能、特征等也都有明显差异。因此，对相同原材料可选用多种加工方法生产的商品，适宜以生产加工方法作为分类标志。如酒类按酿造方法可分为蒸馏酒、发酵酒、配制酒；茶叶按加工方法可分为发酵茶、半发酵茶、不发酵茶等。对于那些虽然生产方法不同，但产品质量、特征不会产生实质性区别的商品，则不宜使用此种分类方法。

（4）按商品的主要成分或特殊成分分类。商品的许多性能、质量、用途往往由商品的成分决定，其中尤为重要的是组成商品的主要成分或特殊成分，因此，这种分类的标志可以通过商品的主要成分或特殊成分说明其主要性能和用途。如塑料制品可按其主要成分的不同，分为聚乙烯塑料制品、聚氯乙烯塑料制品、聚苯乙烯塑料制品、聚丙烯塑料制品等；又如，玻璃的主要成分是二氧化硅，但根据其中的一些特殊成分可分为钠玻璃、钾玻璃、铅玻璃、硅硼玻璃等。但对化学成分复杂的商品或化学成分不明显的商品，则不宜以主要成分或特殊成分作为分类标志。

（5）以其他特征为分类标志。除上述分类标志外，商品的形状、结构、尺寸、颜色、质（重）量、产地、产季等均可作为商品分类的标志。这些分类标志更容易被消费者接受，其特点是概念清楚、形象直观、特征具体、通俗易记、便于区别。

2. 商品的分类体系

在实际分类工作中，常常是先选择一个主要标志，将商品分成大类，然后再按不同的标志依次将商品划分成中类、小类直至细目等，这样就形成一个完整的商品分类体系。目前我国常采用的商品分类体系可概括为基本分类体系、国家标准分类体系、应用分类体系三大体系。

（1）基本分类体系。基本分类体系是按商品的基本使用价值即商品的用途作为分类标志，将商品分为生活资料商品（供衣、食、住、行、用等的商品）和生产资料商品（工业生产资料商品、农业生产资料商品）两大类。基本分类体系对于组织生产和消费水平的宏观调控具有重要作用。

（2）国家标准分类体系（商品门类）。国家标准分类体系是为适应现代化经济管理的需要，以国家标准形式对商品进行科学、系统地分类编码所建立的商品分类体系。2002

年我国颁布了国家标准GB/T 7635—2002《全国主要产品分类与代码》，这是全国各部门、各地区必须一致遵守的商品分类与商品编码准则。体系中各类目的划分及代码如下。

0　农、林（牧）、渔业产品，中药

01 种植业产品

02 活的动物和动物产品

03 森林产品和森林采伐产品

04 鱼和其他渔业产品

06 中药

1　矿和矿物，电力、可燃气和水

11 无烟煤、烟煤和褐煤等煤，泥炭

12 原油和天然气等

13 铀和钍矿

14 金属矿

15 石、砂和黏土等非金属矿及其采选品

16 其他矿物

17 电力、城市燃气、蒸汽和热水

18 水

2　加工食品、饮料和烟草，纺织品、服装和皮革制品

3　除金属制品、机械和设备外的其他可运输物品

4　金属制品、机械和设备

（3）应用性分类体系。应用性分类体系是以实用性为原则，为满足使用者的需要进行分类所形成的分类体系。这种分类体系从整理商品方便的角度出发，没有统一的分类标志，主要是根据商品的某些共性加以分类，可以适应不同分类目的的需要，是一种实用性很强的分类体系。以下是其具体内容。

1）按原料来源分类，有植物性商品、动物性商品、矿物性商品等。

2）按加工程序分类，有粗制品和精制品。

3）按行业分工分类，有农产品、林产品、水产品、畜产品、工业品等。

4）按产地分类，有进口产品、国内产品、地方产品等。

5）按使用期限分类，有耐用商品和易耗商品。

6）按质量分类，有优质产品、名牌产品、一般产品等。

3. 商业企业的商品分类

（1）大分类。大分类是商业企业对商品最粗线条的分类。在超级市场里，大分类的划

分最好不要超过十个，比较容易管理。不过，这仍需视经营者的经营理念而定。经营者若想把事业范围扩增到很广的领域，可能就要使用比较多的大分类。大分类的原则通常依商品的特性来划分，如生产来源、生产方式、整理方式、保存方式等，类似的一大群商品集合起来作为一个大分类。例如，水产就是一个大分类，原因是这个分类的商品来源皆与水、海或河有关，保存方式及整理方式也皆相近，可以归成一大类。

(2) 中分类。中分类是大分类中细分出来的类别。其分类标准主要有以下内容。

1) 依商品的功能、用途划分。依商品在消费者使用时的功能或用途来分类，比如说在糖果饼干这个大分类中，划分出一个“早餐关联”的中分类。早餐关联是一种功能及用途的概念，提供这些商品在于使消费者有一顿“丰盛的早餐”。因此，在分类里就可以集合土司、面包、果酱、花生酱、麦片等商品来构成中分类。

2) 依商品的制造方法划分。有时某些商品的用途并非完全相同，可以就商品制造的方法近似来加以划分。例如，在畜产的大分类中，有一个称为“加工肉”的中分类，这个中分类包括火腿、香肠、热狗、炸鸡块、熏肉、腊肉等商品，它们的功能和用途不尽相同，但在制造方法上却近似。因此，“经过加工再制的肉品”就成了一个中分类。

3) 依商品的产地来划分。在经营策略中，有时候会希望将某些商品的特性加以突出，又必须特别加以管理，因而发展出以商品的产地来源作为分类的依据。例如，有的商店很重视外国顾客，因而特别注重进口商品的经营，而列了“进口饼干”这个中分类，把国外来的饼干皆收集在这一个中分类中。

(3) 小分类。小分类是中分类中进一步细分出来的类别。主要分类标准有以下内容。

1) 按功能用途划分。如“畜产”大分类、“猪肉”中分类下，可进一步细分出“排骨”“肉糜”“里脊肉”等小分类。

2) 按规格包装划分。如“一般食品”大分类、“饮料”中分类下，可进一步细分出“听装饮料”“瓶装饮料”“盒装饮料”等小分类。

3) 按商品成分分类。如“日用百货”大分类、“鞋”中分类下，可进一步细分出“皮鞋”“人造革鞋”“布鞋”“塑料鞋”等小分类。

4) 按商品口味划分。如“糖果饼干”大分类、“饼干”中分类下，可进一步细分出“甜味饼干”“咸味饼干”“奶油饼干”“果味饼干”等小分类。

(4) 单品。单品是商品分类中不能进一步细分的、完整独立的商品品项。如上海某公司生产的“355 毫升听装可口可乐”“1.25 升瓶装可口可乐”“2 升瓶装可口可乐”“2 升瓶装雪碧”等就属于单品。

二、商品目录和商品代码

1. 商品目录

（1）商品目录的概念。商品目录是指国家或部门根据商品分类的要求，对所经营的商品编制的总明细分类集。商品目录是以商品分类为依据，也称商品分类目录或商品分类集。商品目录是在商品逐级分类的基础上，用表格、符号和文字全面记录商品分类体系和编排顺序的书本式工具。国家或部门在编制商品目录时，都是按照一定的目的，首先将商品按一定的标志进行定组分类，再逐次制定和编排。也就是说，没有商品分类就不可能有商品目录，只有在商品科学分类的基础上，才能编制层次分明、科学、系统、标准的商品目录。商品目录的编制就是商品分类的具体体现，它是实现商品管理科学化、现代化的前提，是商品生产、经营、管理、流通的重要手段。

（2）商品目录的种类。商品目录由于编制目的和作用不同，因此种类很多。如按商品用途不同编制的商品目录有食品商品目录、纺织品商品目录、交电商品目录、化工原料商品目录等；按管理权限不同编制的商品目录有一类商品目录、二类商品目录、三类商品目录；按适用范围不同编制的商品目录有国际商品目录、国家商品目录、部门商品目录、企业商品目录等。

1）国际商品目录。国际商品目录是指由国际上有权威的各国际组织或地区性集团编制的商品目录。如联合国编制的《国际贸易标准分类》，海关总署关税征管司编制的《海关统计商品目录》，海关合作理事会编制的《海关合作理事会商品分类目录》和《商品分类和编码协调制度》等。

2）国家商品目录。国家商品目录是指由国家指定专门机构编制，在国民经济各部门、各地区进行计划、统计、财务、税收、物价、核算等工作时必须一致遵守的全国性统一商品目录。如由国务院批准原国家标准局发布的《全国工农业产品（商品、物资）分类与代码》等。

3）部门商品目录。部门商品目录是指由行业主管部门根据本部门业务工作需要所编制并发布的，仅在本部门、本行业统一使用的商品目录。如海关总署综合统计司编制发布的《中华人民共和国海关统计商品目录》、商务部编制发布的《小商品分类与代码》等。部门商品目录的编制原则应与国家商品目录保持一致。

4）企业商品目录。企业商品目录是指由企业在兼顾国家和部门商品目录分类原则的基础上，为充分满足本企业需要，而对本企业生产或经营的商品所编制的商品目录。企业商品目录的编制必须符合国家和部门商品目录的分类原则，并在此基础上结合本企业的业务需要，进行适当的归并、细分和补充。如营业柜组经营商品目录、仓库保管商品经营目录等，都具有分类类别少、对品种划分更详细的特点。

2. 商品代码

(1) 商品代码的概念。商品代码又称商品编码或商品代号、货号，是在商品分类的基础上，赋予某种或某类商品的代表符号，通常用具有一定规律的阿拉伯数字组成。商品代码往往是商品目录的组成部分，商品分类与代码共同构成了商品目录的完整内容。使用商品代码，是为了加强企业的经营管理，提高工作效率，便于计划、统计、物价管理及核算工作，简化业务手续；使用商品代码还可以便于记忆、清点商品，便于实现现代化管理；对于容易混淆的商品名称，使用商品代码可以避免差错。

(2) 商品代码的编制方法。经国务院批准，2002 年国家颁布了《全国主要产品分类与代码》(GB/T 7635—2002)，统一了全国商品的分类和代码。根据这一国家标准，商品代码编制的方法如下：

1) 代码结构采用层次码，共分六层，即：大部类、部类、大类、中类、小类、细类，由八位数字组成。

2) 第一至五层各用 1 位数字表示，第一层代码为 0～4，第二、五层代码为 1～9，第三、四层代码为 0～9，第六层用 3 位数字表示，代码为 010～999，采用了顺序码和系列顺序码；第五和第六层代码之间用圆点隔开，信息处理时应省略圆点符号。

3) 第六层的代码 001～009 为特殊区域，其所列产品类目按不同的特征属性再分类，或按不同的要求列类，以满足管理上的特殊需要。

4) 对分类终止于中间某一层级的类目名称的代码，信息处理时补“0”至设计的总码长，标准文本不补“0”。

三、商品编号

1. 商品编号的概念

商品编号的过程就是对商品编制代码的过程。它是由一个或一组有序的、代表某一类、某一种商品的符号组成的。这种符号能够方便计算机和人的识别及处理。这种商品编号是建立在商品分类的基础之上的，通过商品编号，人们可以赋予各类、各种商品一定的规律性的、特定的商品代码。从这个意义上讲，商品编号的过程是人为地依据一定的原则给各类、各种商品指定一个符号的过程。商品编号的目的是方便经营者对所经销商品的管理，尤其是利用计算机对商品进行管理，需要用简洁的符号将商品信息输入计算机。基于这样的原因，在对各类、各种商品进行编号时，通常使用的是比较简洁的字母或者阿拉伯数字组合。长期以来，在商业经营管理中，往往根据行业的习惯，将商品的编号称为商品代号或货号，有的报表、单据也这样称呼。但不管怎样称呼，其在编制过程中所应遵循和体现的原则是不变的，最终在商品的经营管理中所起的作用也是既定的。

2. **商品编号的基本原则**

商品编号作为商业企业对商品进行管理的一种手段，其编号操作必须适应经营管理的需要，体现商品管理的科学要求。因此，在对商品进行编号的过程中，应遵循下列五方面的基本原则。

（1）排他性原则。编号是对某一种商品赋予一个识别符，这个识别符只能为一种商品所拥有，并以此区分于由其他识别符所代表的某一种商品，它具有排他性。商品编号是在商品分类基础上展开的，一种商品只能出现在一个类别里，不允许同时出现在两个类别中。在编制商品编号的过程中，这是应该遵循的首要的基本原则。

（2）合理性原则。商品编号的目的是方便经营管理，通过编号将商品快速地区分开来，在计算机的帮助下，使商品的流转能够更加高效、快速、便捷。因此，在编号时要体现合理性原则，这个原则要求商品编号结构要与商品科学分类、体系相适应，同时要与商品的经营业务需要相适应。

（3）适度性原则。社会经济的不断发展催生新的商品，消费观念的改变也会形成对新商品的需求。因此，对现有商品编号时要充分考虑到这些因素，只有留有后备容量的编号体系才能称得上是一个完整的体系。编号的适度性原则就是要求对新商品留有充足的编号空间，做到可持续扩充。

（4）简明性原则。在充分考虑商品编号可扩充性的同时，还要强调商品编号的简明性。作为对商品管理的一种手段，编号首先要方便经营管理，因此，在编号时既要保证留有新商品出现时所需要的编号空间，又要方便人与计算机识别，尽量简单，编号长度要尽量短。

（5）适用性原则。对商品的编号强调适用、实用，编号要尽可能反映出所代表的商品的特点，同时还要有助于记忆，便于在经营管理中的运用。

四、商品规格

商品规格是反映商品品质等方面情况的技术指标，可以通过型号、材质、功率、质量、容积等方面来反映。消费者可以根据所需商品的不同规格来选择商品。因此，商品规格也是消费者选择商品的一个依据。据此，营业员应该熟练掌握自己所经销的商品的规格，更好地服务消费者。

商品规格的运用。以数码相机为例，可以用像素来反映，如某品牌数码相机就有多个规格。目前，已生产并在市场上销售的数码相机有 600 万像素、710 万像素、720 万像素、800 万像素、810 万像素、1 010 万像素、1 020 万像素和 1 210 万像素等。

事实上，反映某种商品品质的因素很多。例如，家庭汽车的规格划分可以基于吨位、配置、变速操作和动力等不同因素，视具体情况而定。一般来讲，商家和消费者对某种商品认定的规格因素是约定俗成的，社会对这种商品的规格有一个习惯称呼。但有时消费者也会以自己独特的称呼来选择商品。

商品规格不同，其使用价值也有所不同。因此，许多经常使用某类或某种商品的消费者到商店购买商品时，会对商品规格提出要求。如酒类的度数、卷烟的纯度和烟碱含量；又如装瓶洗涤剂的规格等，消费者都会根据自己的爱好、口味、习惯、实际使用情况等各个方面作出选择。商品的多种规格不仅适应了消费者的不同需求，同时也倡导了“够用就行”的节约型理念。营业员在这方面要有所了解，尤其是要熟练掌握自己所经营的商品的各种规格，并能熟知各种不同规格的特点，能够为消费者当好参谋。

在向消费者介绍相关商品的规格时，营业员要注意不同厂家生产的同种规格的商品在实际规格上的差异，这种差异主要来自于不同厂家的产品选料、加工工艺、操作习惯等方面。例如，不同鞋厂生产的鞋就会出现这种差异。因此，营业员还应通过长期的销售实践不断积累经验，真正成为“专家”，更好地为消费者服务。

第 2 节　商品质量基础知识

学习目标

➢了解商品质量的概念

➢熟悉影响商品质量的因素

➢熟悉商品的质量标准

➢掌握商品的特性

知识要求

质量是对商品的一个普遍性要求，是商品的基本内容，也是商品使用价值的核心。因此，按照商品的规范标准组织商品销售显得尤为重要。

一、商品质量的概念

商品质量是商品能够满足社会普遍认可或潜在需要的特征和特性的总和。随着社会的发展、时间的推移，商品质量的概念和内涵会不断地更新，这种更新是提升商品质量适应性、适用性等方面的社会需求。当然，这种更新的过程是相当缓慢的，否则商品就很难进行流通。狭义的商品质量是指产品质量，指产品与特定标准技术条件的符合程度，通常以国家标准及有关规定作为最低技术条件。广义的商品质量不仅要反映实用性、可靠性、可维修性等指标，还要兼顾供需双方的经济要求。营业员应该对商品质量的要求有一个总体上的把握。商品质量具有如下特征。

1. 适用性

商品的适用性是指商品满足社会对商品功能或性能需要的特征，包括商品符合规范的程度和在使用时的实用性质等。

2. 可靠性

商品的可靠性是指商品在规定的条件下和时间内，安全、便捷地完成规定功能的能力，包括商品在使用时对周边环境的适应程度，对环境、人身和财产安全等方面的影响程度。

3. 经济性

商品的经济性是指商品在生命周期内所耗费的总费用，包括商品设计制作时的费用和各个流通环节的消耗费用。

4. 美观性

商品的美观性是指商品的外观造型、款式色彩等能够满足审美需求和消费者个性化需求的特征。

二、影响商品质量的因素

常见的影响商品质量的因素主要有以下几点。

1. 原材料因素

在商品制作的过程中，原材料是对商品质量起着决定性作用的因素。原材料的成分、结构、性质不同，决定着所形成的商品质量的不同。如棉纤维与化学纤维的成分不同，结构和性质也存在差异，其织品的性能差别就很明显。又如一些商品在制造时，为降低成本，采用一些替代材料，最终商品的质量就与采用规范材料的大不一样。

2. 生产工艺因素

生产工艺对商品的质量影响非常大。如我国山东潍坊的风筝、无锡的泥人、景德镇的瓷器等，在生产工艺上都大有讲究，工序纷繁。有的工艺看似不起眼，好像无关紧要，而一旦减去的话，商品的质量就大打折扣。

3. 流通领域相关环节的因素

如果将影响商品质量的原材料和生产工艺因素归结为先天性因素的话，那么在流通领域内对商品质量产生影响的相关因素就是后天性的。减少流通领域对商品质量的影响，主要依靠商业流通领域工作人员将工作做实、做细、做好。具体来讲，商品的运输和装卸方法不当、措施不到位，会造成商品的质量问题。如装卸和运输过程中的碰撞、挤压、颠簸、震动、风吹、雨淋、暴晒等都会对商品的质量造成影响。在储存过程中，如水果储存的温度、湿度、虫害控制不当等，也会给水果的质量带来直接影响。在商品销售的过程中，也有可能对商品质量带来影响，这主要是由于陈列不当等原因造成的。

三、商品质量标准

商品质量标准是对商品质量以及与质量有关的各个方面所规定的规范和准则，它是商品生产、质量评价、监督检查等的依据。

按照标准的适用领域和范围的不同，商品质量标准可分为以下六个不同的级别。

1. 国际标准

国际标准就是由国际权威组织制定的，并为国际上承认和通用的标准。著名的有 ISO（国际标准化组织）标准和 IEC（国际电工委员会）标准。

2. 国外先进标准

国外先进标准指国际上有权威的区域性标准，世界主要经济发达国家和地区的国家标准、地区标准、团体标准及其他国际上先进的标准。如丹麦和挪威的船级标准、瑞士的手表标准、法国的香水标准等。

3. 国家标准

国家标准是指国家标准化主管机构批准发布、在全国范围内统一使用的标准。

我国的国家标准分为强制性和推荐性两种。强制性国家标准代号为 GB，推荐性国家标准代号为 GB/T。如 GB 1002—1988 为强制性的国家标准；GB/T 19000—1993 为推荐性的国家标准。

4. 行业标准

行业标准是指由专业标准化主管机构或专业标准化组织批准发布，在某行业范围内统一使用的标准。行业标准也称专业标准。制定行业标准，必须在国家没有相应的标准而又需要在全国某行业范围内统一技术要求的情况下进行。

行业标准代号为 ZB，行业标准的构成形式与国家标准相同。按照规定，国家一旦制定实施了国家标准后，相应的行业标准一律废止。

5. **地方标准**

地方标准是指在没有国家标准和行业标准的情况下，需要在某一地区内统一制定和使用的标准。地方标准的代号为 DB。地方标准由省、自治区、直辖市标准化行政主管部门制定、审批和发布，并报国务院标准化行政主管部门和其他有关行政主管部门备案。国家或行业专业标准化主管机关公布和实施相应的国家标准或行业标准后，相应的地方标准自行废止。

6. **企业标准**

企业标准是指由企业制定发布，在该企业范围内统一使用的标准。企业标准的代号为 QB。企业标准原则上由企业自行组织制定、批准和发布实施，但需报当地人民政府标准化行政主管部门和有关行政主管部门备案，各省、自治区、直辖市的汉字简称应加在颁布的企业标准之前。如上海市为“沪 Q”，斜线后为企业代号和编号（顺序号和发布年份号）。中央所属企业由国务院有关行政主管部门规定企业代号；地方企业由省、自治区、直辖市人民政府标准化行政主管部门规定企业代号。

四、商品的特性

1. **商品的化学性质**

商品的化学性质一般是指商品的化学稳定性，即商品抵抗各种外部因素对其发生化学变化作用的能力。各种商品所具有的化学稳定性是存在差异的，产生这些差异的原因是构成商品的物质材料的分子排列、结构存在差异。商品较重要的化学性质指标有耐水性、耐酸性、耐碱性、耐氧化性、耐光性、耐候性。

（1）耐水性。耐水性是指商品在不同温度下，对于水（包括空气中的水分）的连续作用产生的反应。例如，食糖等食品遇水后会溶解，因而需要采取防潮密封包装。又如，家用电器吸收空气中的水分后，会造成电路锈蚀，因此，家电商品不能存放在湿度较高的环境内。还有合成洗涤剂等商品遇水具有水解性，应做好防潮工作。

（2）耐酸性、耐碱性。耐酸性、耐碱性是指商品在常温状态下所具有的抗酸、抗碱的能力。商品耐酸、耐碱的差异相当大。例如，羊毛耐酸不耐碱，而纤维素成分却耐碱不耐酸。其他动物的皮毛商品也具有耐酸不耐碱的特点。

（3）耐氧化性、耐光性、耐候性。耐氧化性、耐光性、耐候性是指商品抵抗空气中的氧、日光中的紫外线、冷热气候等外界因素作用的能力。如高分子结构材料制成的商品长期处在氧、光、冷、热环境中，高分子结构会发生断裂，从而使商品老化。

2. **商品的物理性质**

商品的物理性质是指商品在潮湿、热、光等物理因素的作用下的反应，具体表现在质量、吸湿性、透气性和透水性、热学性质和光学性质等方面。

(1) 质量。质量是用来直接表示和评价商品成分构成的指标，并非物理学所用的术语(物质的量)。如矿泉水中的铁、锌、镁等微量元素的含量，营养食品中的营养成分的含量等。有些食品中的微量元素或有益成分，在受到外界物理因素的影响时，会出现流失或挥发。

(2) 吸湿性。吸湿性是指物体吸附和释放水分的性质。商品的这种性质，与商品化学性质中的耐水性有着根本的区别。吸湿性是商品本身所含水分与所处的空间水分的一种平衡交流，在温度和湿度的调节下，或吸进，或放出。当温度和湿度适当时，商品就会保持一定的含水量。因此，无论是商品吸附空气中的水分，还是向空气中释放出自身的水分，商品的物理形态都不发生变化。而化学性质中的耐水性则不同，它是一种溶解或水解的表现，它会改变商品的物理形态。

(3) 透气性和透水性。物体能被水蒸气透过的性质称为透气性；能被水透过的性质称为透水性。具有透水性的商品必定具有透气性。透水性大，则透气性也大。商品由于用途不同，对透气性和透水性的要求也不一样。如服装要求具有透气性，而精密度要求比较高的仪器则要求具有不透气、不透水的性质。

(4) 导热性和耐热性。导热性是指物体传递热能的性质和能力，耐热性是指物体经受温度变化而不被破坏或显著降低强度、性能的性质。如金属导热性比较强，玻璃等耐热性差。

(5) 光学性质。光学性质是指物体受到光的作用时所表现出来的性质。有一些物体受到紫外线的照射后，分子结构会发生变化，从而引起物体的老化，或机械强度明显降低。

3. 商品的力学性质

力学是物理学的基础，故将力学性质单列。商品的力学性质是指商品在生产和使用过程中受到荷重作用时所表现的性质。考察商品的力学性质，主要从分析商品的应力、弹性和塑性、强度、韧性和脆性等方面入手。商品的力学性质是鉴定商品适用性和耐久性的重要内容。

(1) 荷重、应力及蠕变。荷重、应力及蠕变，都是重要的力学性质。荷重也称为负荷，它是指施加于物体之上使其发生变形的外力。在现实生活中，物体始终处于外力的作用之下。因此，在商品生产和使用中，荷重是始终存在的。与荷重构成一对矛盾的力称为应力。没有荷重，也就不存在应力。应力是指物体在荷重的作用下发生形变时物体内部产生的抵抗力。日常生活中，一些易碎的商品实际上内部都存在应力，特殊情况下，则会导致这些商品的破碎。因此，荷重和应力这对矛盾应处于平衡状态。蠕变是指一定的较小荷重连续作用在物体上，形变随时间延长而逐渐增大。在实际生活中，这种蠕变现象到处可见。如在线绳上长期悬挂物品，会造成线绳伸长。又如，将针织服装挂在衣帽钩上，一定时间后，针织服装与衣帽钩接触之处就会出现隆起变形。商店在销售商品时应充分注意到这些力学性质，在展示商品时采取合适的方式，避免因这些力学性质的作用而造成商品的变形或损坏。

（2）弹性和塑性。弹性和塑性是指物体承受外力作用时发生形变的性质。弹性和塑性是表示多种商品质量的主要标志之一。弹性和塑性在棉纺织品、塑料制品、橡胶制品等物品上表现得比较明显。

（3）强度。强度是指物体抵抗外力作用而保持体态和结构完整的能力。常用的强度指标有物体的抗张强度、抗拉抗弯强度、抗磨强度和硬度等。这些指标也是测量商品质量的重要指标。例如，在玩具检测中，经常要进行抗拉试验，以检验该商品在外力作用下的拉散程度，防止儿童在拉散部件后发生误食；钻石主要检测硬度；玻璃制品主要检测抗弯强度和硬度；纺织品、皮革制品、纸张等主要检测其抗张强度；橡胶制品、金属制品主要检测抗拉抗弯强度和硬度。

（4）韧性和脆性。韧性是指物体在一定的条件下能承受外力的作用而不致破裂的性质。例如，皮革制品、橡胶制品、针棉织品、铁皮制品、铝板制品等，在受到一定的冲力、压力和碰撞作用时，往往不易破裂，说明这些材质的商品具有一定的韧性。脆性是指物体在一定的外力作用下易于破裂的性质，如玻璃制品、陶瓷品等在外力作用下易发生破裂。在装卸运输这些物品的过程中要注意谨防碰撞后发生破碎。另外，在一定的条件下，有些物体因其本身的分子结构，受到气候等影响时也具有脆性，如塑料制品在寒冷的环境下就会产生脆性。

4. 商品的生物学性质

商品的生物学性质是指用有机物原料制成的商品在外部因素和微生物的作用下发生变化的性质。有机物在发生变化时往往会有水解性、氧化性、霉腐性、酵解性、生理性、生化等性质的变化。

（1）水解性。水解性是指含有蛋白质、脂肪、糖类成分的食品，在酸、碱、酶的作用下水解生成新的物质的性质。水解实际上是一个有机化学反应。脂肪发生水解反应时，分解出的脂肪酸越多，说明脂肪的质量越差。同样，在酶的作用下，蛋白质会发生水解，通过蛋白质的水解可改善食品的颜色、香气和滋味，提高吸收率。正确掌握有机物的水解性，加以利用相当重要，如豆浆中加入食醋后，水解生成豆腐花等。

（2）氧化性。氧化性是指有机物原材料制成的物品在自身酶和外部氧的作用下氧化而分解为低分子化合物的性质。有机物的氧化实质上也是一个化学反应。例如，含有糖类的有机物在氧化的情况下会发酸，即俗称的酸败；含有维生素等营养成分的物品，不能长期暴露在空气中，否则其营养成分会因氧化而失效。

（3）霉腐性。霉腐性是指有机物在微生物的作用下改变其原有的外观、强度、气味和食用品质等所表现出来的性质。如含有蛋白质成分的食品在一定的温度环境下较易腐败。在适当的温度和湿度环境中，有些物品在霉菌的作用下极易发生霉变。因此，对纺织品、皮革制品、纸张、木材等应按照特定要求进行保管，在日常使用中，这些物品还应该在通风良好的环境中保存。

（4）酵解性。酵解性是指含有碳水化合物的商品在无氧状态下发生分解的性质。酵解事实上是一个发酵的过程，经过这个过程后，商品会变质。在食品加工生产过程中，人们往往利用酵解的原理，对一些商品进行加工，以满足不同的需求。如乳制品中酸乳的开发生产，酸菜的泡制等都利用了酵解原理。

（5）生理性、生化性。生理性、生化性是鲜活食品所特有的性质。生理性是指鲜活食品具有呼吸、后熟、萌发等生理性质。因此，对鲜活食品储存要根据其生理性的特征，采取适当的方法。例如，果蔬具有生理性的特征，应采用冷藏保存。又如，在粮食生产中，要进行晒谷，然后保存在背风之处，就是为了防止其发生呼吸、后熟、萌发的生理性变化而导致粮食的变质。生化性是指生鲜食品能够发生僵直和软化的性质。生鲜食品发生僵直和软化现象，是由于这些生鲜食品的肌肉组织在失去供氧后发生的一系列连续变化造成的。生鲜食品发生僵直和软化与外界环境条件有着密切的关系，尤其是温度条件的变化，会加快其僵直或软化的进程。所以，针对生鲜食品所具有的生化性特征，商品生产和经营单位应采取一系列措施，如对这些食品采取冷藏或冷冻，以尽量减少其水分的流失。

第 3 节　商品条形码知识

➢了解条形码技术

➢熟悉商品条形码编码规则

➢熟悉 EAN 条形码

➢熟悉 UPC 系统条形码

➢掌握店内码知识

知识要求

一、条形码技术概述

1. 商品条形码的概念和应用

（1）商品条形码概念。商品条形码是由一组宽窄不同、黑白或彩色相间的平行线及其对应的字符，依照一定的规则排列组合而成的条空数字图形。在国家标准中，商品条形码被定义为用于标识国际通用的商品代码的一种模块组合型条形码。

20 世纪 80 年代中期，我国一些高等院校、科研部门及一些出口企业，把条形码技术的研究和推广应用逐步提到议事日程。我国于 1988 年成立中国物品编码协会，并于 1991 年 4 月正式加入 EAN 组织。目前我国商品使用的前缀码就是 EAN 国际组织分配给我国的 690、691、692。由于条形码技术与计算机技术结合使用有很多优点，所以，它不但在商品流通领域得到广泛应用，在其他领域如邮电、银行、图书馆、物流管理、电子商务以及供应链管理中都得到广泛的应用。所以，还有很多用于管理的条形码也应运而生，比如 128 码、39 码、交叉二五码、CODABAR 码等，这些条形码都是用于管理系统的一维条形码。

（2）条形码识别原理。条形码是由宽度不同、反射率不同的条和空，按照一定的编码规则（码制）编制成的，用以表达一组数字或字母符号信息的图形标识符。即条形码是一组粗细不同，按照一定的规则安排间距的平行线条图形。常见的条形码是由反射率相差很大的黑条（简称条）和白条（简称空）组成的。

（3）条形码识别系统的组成。为了读出条形码所代表的信息，需要一套条形码识别系统，它由条形码扫描器、放大整形电路、译码接口电路和计算机系统等部分组成。

（4）条形码技术的优点。条形码是迄今为止最经济、最实用的一种自动识别技术。条形码技术具有以下几个方面的优点。

1）输入速度快。与键盘输入相比，条形码输入的速度是键盘输入的 5 倍，并且能实现“即时数据输入”。

2）可靠性高。键盘输入数据出错率为三百分之一，利用光学字符识别技术出错率为万分之一，而采用条形码技术误码率低于百万分之一。

3）采集信息量大。利用传统的一维条形码一次可采集几十位字符的信息，二维条形码更可以携带数千个字符的信息，并有一定的自动纠错能力。

4）灵活实用。条形码标识既可以作为一种识别手段单独使用，也可以和有关识别设备组成一个系统实现自动化识别，还可以和其他控制设备连接起来实现自动化管理。

5）其他优点。条形码标签易于制作，对设备和材料没有特殊要求，识别设备操作容易，不需要特殊培训，且设备也相对便宜。

2. 条形码技术的应用范围

（1）条形码技术在商业自动化系统中的应用。商业是最早应用条形码技术的领域。在商业自动化系统中，商品条形码是关键。POS（Point of Sales）是一个商业销售点实时系统。该系统以条形码为手段，以计算机为中心，实现对商品的进、销、存的管理，快速反馈进、销、存各个环节的信息，为经营决策提供信息。

（2）条形码技术在仓储管理中的应用。立体仓库是现代工业生产中的一个重要组成部分，利用条形码技术，可以完成仓库货物的导向、定位、入格操作，提高识别速度，减少人为差错，从而提高仓库管理水平。

（3）条形码技术还广泛地应用于交通管理、金融文件管理、商业文件管理、病历管理、血库血液管理以及各种分类技术方面。条形码技术作为数据标识和数据自动输入的一种手段已被人们广泛利用，渗透到计算机管理的各个领域。

二、商品条形码编码规则

EAN码由前缀码、厂商识别码、商品项目代码和校验码组成。前缀码是国际EAN组织标识各会员组织的代码，我国为690、691和692；厂商识别码是EAN编码组织在EAN分配的前缀码的基础上分配给厂商的代码；商品项目代码由厂商自行编码；校验码是为了校验代码的正确性。在编制商品项目代码时，厂商必须遵守商品编码的基本原则：对同一种商品项目的商品必须编制相同的商品项目代码；对不同的商品项目必须编制不同的商品项目代码。保证商品项目与其标识代码一一对应，即一个商品项目只有一个代码，一个代码只标识一个商品项目。

如听装健力宝饮料的条形码为6901010101098，其中690代表我国EAN组织，1010代表广东健力宝公司，10109是听装饮料的商品代码。这样的编码方式就保证了无论在何时何地，6901010101098都唯一对应该种商品。

另外，图书和期刊作为特殊的商品也采用了EAN13表示ISBN和ISSN。前缀977用于期刊号ISSN，图书号ISBN用978为前缀，我国被分配使用7开头的ISBN号，因此，我国出版社出版的图书上的条形码全部为9787开头。

EAN已分配给各编码组织所在国家（地区）的前缀码（部分国家和地区）：00—13美国和加拿大，20—29店内码（对无条形码商品自行编码），30—37法国，400—440德国，64芬兰，45、49日本，690—692中国，460—469俄罗斯联邦，70挪威，471中国台湾，489中国香港，73瑞典，480菲律宾，481白俄罗斯，745巴拿马，482乌克兰，50英国，

775 秘鲁，789 巴西，880 韩国，90、91 奥地利，885 泰国，93 澳大利亚，888 新加坡，890 印度，955 马来西亚等。

条形码技术从 20 世纪 40 年代由美国发起，至今已有 70 多年的历史。1970 年美国超级市场委员会制定了通用商品代码 UPC 码，UPC 码的使用成功促使了欧洲编码系统（EAN）的产生。到 1981 年，EAN 已发展成为一个国际性的组织，且 EAN 码与 UPC 码兼容。

随着国外条形码技术的应用，我国于 20 世纪 70 年代末到 80 年代初开始研究，并在部分行业完善了条形码管理系统，如邮电、银行、连锁店、图书馆、交通运输及各大企事业单位等。1988 年 12 月，我国成立了“中国物品编码中心”，并于 1991 年 4 月 19 日正式申请加入了国际编码组织 EAN 协会。近年来，我国的条形码事业发展迅速，条形码技术在我国已得到了广泛的应用。为了规范商品条形码的应用，保证商品条形码质量，加快商品条形码普及，促进社会主义市场经济的发展，国家标准化管理委员会制定并发布了《商品条码　零售商品编码与条码表示》（GB 12904—2008），代替了原来的《商品条码》（GB 12904—2003）。

三、EAN 条形码

EAN 条形码是国际物品编码协会制定的一种商品用条形码，通用于全世界。EAN 条形码符号有标准版（EAN－13）和缩短版（EAN－8）两种，我国的通用商品条形码与其等效。我国商品包装上所印的条形码一般就是 EAN 码。EAN 码是当今世界上广为使用的商品条形码，已成为电子数据交换（EDI）的基础。标准版商品条形码的代码由 13 位阿拉伯数字组成，简称 EAN－13 码。缩短版商品条形码的代码由 8 位数字组成，简称 EAN－8 码。EAN－13 码和 EAN－8 码的前 3 位数字是“前缀码”，是用于标识 EAN 成员的代码，由 EAN 统一管理和分配，不同的国家或地区有不同的前缀码。

EAN 码的编制原则包括：①唯一性。唯一性是指相同的商品分配相同的商品代码，基本特征相同的商品视为相同的商品。不同的商品分配不同的商品代码，基本特征不同的商品视为不同的商品。②无含义。无含义是指代码不表示与商品有关的特定信息。③稳定性。商品代码一旦分配，若商品的基本特征没有发生变化，就应保持不变。

EAN 码的结构如下：

1. 标准版商品条形码的代码结构

对于我国商品条形码的代码而言，由 690～692 三个前缀码构成的 EAN－13 码有表 3—1 四种结构。

表 3—1　　我国 EAN－13 码结构

结构种类	厂商识别代码	商品项目代码	校验码
结构一	$X_{13}X_{12}X_{11}X_{10}X_9X_8X_7$	$X_6X_5X_4X_3X_2$	X_1
结构二	$X_{13}X_{12}X_{11}X_{10}X_9X_8X_7X_6$	$X_5X_4X_3X_2$	X_1
结构三	$X_{13}X_{12}X_{11}X_{10}X_9X_8X_7X_6X_5$	$X_4X_3X_2$	X_1
结构四	$X_{13}X_{12}X_{11}X_{10}X_9X_8X_7X_6X_5X_4$	X_3X_2	X_1

在表 3—1 中，厂商识别代码是中国物品编码中心按照国家标准的规定，在 EAN 分配的前缀码的基础上增加 4 位或 7 位数编制的，用于对厂商的唯一标识。

商品项目代码是取得中国物品编码中心核准的商品条形码系统成员资格的企业，按照国家标准的规定，在已获得的厂商识别代码的基础上，自行对本企业的商品项目进行的编码，包括 2～5 位数字。

校验码是根据前 12 位数按 GB 12904—2008 附录 B 规定的方法计算得出的。在实际工作中，校验码一般不用人工计算，由制作条形码原版胶片或制作条形码标签的设备自动生成。

2. 缩短版商品条形码的代码结构

与上述标准版商品条形码的代码相比较，缩短版商品条形码的代码（EAN－8 码）只有一种结构，见表 3—2。

表 3—2　　EAN－8 码结构

前缀码	商品项目代码	校验码
$X_8X_7X_6$	$X_5X_4X_3X_2$	X_1

在 EAN－8 码中，前缀码由国际物品编码协会分配给中国物品编码中心，为 690～692。商品项目代码由中国物品编码中心负责分配和管理。校验码的计算方法与 EAN－13 码相同。

四、UPC 系统条形码

UPC 条形码是美国统一代码委员会制定的一种商品用条形码，主要用于美国和加拿大。UPC 条形码在技术上与 EAN 码完全一致，它的编码方法也采用模块组合法，也是定长、纯数字型条形码。UPC 码有 5 种版本，常用的商品条形码版本为 UPC－A 码和 UPC－E 码。UPC－A 码是标准的 UPC 通用商品条形码版本，UPC－E 码为 UPC－A 的压缩版。A 版由 NS 1 位数字、厂商识别代码 5 位数字、商品项目代码 5 位数字、校验码 1 位数字共计 12 位数字组成。由于在美国、加拿大以 12 位数字的这一 UPC 为基础的系统得到普及，因此，无法使用目前 13 位数字的 EAN 条形码符号。所以，向上述两个国家出口商品必须获得 UPC 的厂商识别代码来表示 UPC 符号。

五、店内码知识

在国外使用条形码管理的商场中，有两种做法：一种做法是无论商品上原来有无条形码，一律使用用户自己制作的店内码；另一种做法是充分利用商品上原有的条形码，对没有条形码的商品才标上用户自己制作的店内码。在国内已推广使用条形码管理的商场中，也不外乎这两种情况。前一种做法基本上适用于中高档商场或专卖店；后一种做法基本上适用于所有超市和连锁店，因为商品价值较低、商品销售量大，全部使用店内码会增加商品的成本，从而不利于超市和连锁店的商品销售。当然，后一种做法对所有商场也都是适用的。而全部使用店内码的好处是，可以根据用户对管理商品的要求来编制店内码，从而达到用户的管理要求。另一个好处是可以采用流水作业自动生成店内码，提高了条形码制作效率。

店内码的编制，应按照中国物品编码中心的规定来进行。制作店内码必须配置专用条形码打印机，最好是采用能与计算机接口的条形码打印机，可以通过预先编制好的程序来制作所需的店内码，从而减少人工输入的差错，并可大大提高工作效率。如果用户全部使用店内码，则可通过 POS 系统中的应用程序采用流水作业法自动生成店内码，使条形码制作更方便、更省力，效率更高。

第 4 章

售货准备

第 1 节 个人仪容仪表规范

学习目标

➤熟悉仪容仪表的基本要求

➤掌握仪容修饰的要求

➤掌握个人卫生的要求

➤掌握服装服饰的要求

知识要求

仪表，是人的外表，一般来说包括人的容貌、服饰和姿态等方面。仪容是指人的容貌，是仪表的重要组成部分。仪容仪表是一个人的精神面貌、内在素质的外在体现。一个人的仪容仪表往往与其生活情调、思想修养、道德品质和文明程度密切相关。营业员对外代表公司的形象，良好的仪容仪表，不仅能让顾客感到愉快，提高购物兴致，而且能使自己更自信。

一、仪容仪表的基本要求

1. 讲究个人卫生，注重整洁

个人卫生是商场向顾客提供优质服务的基础和前提，个人卫生也是良好的个人仪容所必须具备的基本要求。整洁、卫生是树立良好的个人形象的首要条件。

2. 穿着打扮合体、合适、合度

服装是人际交往中的一种无声语言，它能反映一个人的社会生活、文化水平和修养。在社交活动中根据自身特点和特定场合，选择得体的服装，并穿出一定的品位，能给人增添几分魅力。

穿着打扮应考虑容貌、身材，只有合体的穿着打扮，才能展现美感，否则只会令人看着别扭。营业员在工作时应穿着商场规定的工作服。女营业员上班要淡妆打扮，以保持皮肤的细润，显得年轻、有活力。男营业员不化妆，但要经常修面、剪鼻毛。

3. 注重培养个人修养

真正的美，应该是个人良好内在素质的自然流露。营业员要想有好的仪容仪表，要想在人际交往中给人以良好的印象，就必须从文明礼貌、文化修养、道德情操、知识才能等各方面不断提高个人修养。

4. 自然大方

自然大方的装扮，能使人产生平易近人、亲切友好的感觉；装扮过于华美或修饰过度，不仅会使人觉得刺眼，产生反感，也会破坏人的自然美。

二、仪容修饰

1. 头发的修饰

（1）头发整洁、发型大方是个人礼仪对发式美的最基本要求。作为营业员，乌黑亮丽的秀发、端庄文雅的发型，能给客人留下美感，并反映出员工的精神风貌和健康状况。

（2）选择发式，要考虑身份、工作性质和周围环境，尤其要考虑自身的条件，以求与体形、脸形相配，头发不要遮住脸且禁止染成彩色。男营业员一般不能留长头发。

（3）为了确保发部的整洁，营业员必须自觉主动地对自己的头发进行清洗、修剪和梳理，以保持头发整洁，没有头屑，没有异味。

2. 脸部的妆饰

面容是人的仪表之首，营业员美容化妆不仅是自身仪表美的需要，也是满足顾客审美享受的需要。

（1）男性营业员应该每天修面剃须，不留小胡子、大鬓角，整洁大方。

（2）女性营业员对脸颊部位化妆，涂抹胭脂，以使面部的两颊泛出微微的红晕，产生健康、艳丽、楚楚动人的效果。

3. 眼睛的妆饰

眼睛，只有与脸形和五官比例匀称、协调一致时，才能产生美感。

4. 嘴唇的妆饰

（1）嘴唇是人五官中敏感而显眼的部位，是人身上最富有表情的器官。嘴唇的化妆主要是涂唇膏（口红），以表现口唇的艳丽。口红以红色为主，不准用深褐色、银色等异色。

（2）注意口腔卫生，消除口臭，口齿洁净，养成餐后漱口的习惯。

三、个人卫生

营业员直接与消费者打交道，在营业中，要注意个人的仪容和着装。个人卫生则是良好的个人仪容所必须具备的基本要求。

1. 在工作岗位上，注意保持身体清洁，服装要保持整洁、合身，上岗服务时必须穿工作服。

2. 营业员要十分注意个人清洁卫生，平时要做到“四勤”，即勤洗澡、勤换衣服、勤理发、勤剪指甲，忌身体有异味、皮肤表层或指甲内有污垢。食品销售人员在营业中接触过其他东西后，应及时洗手。

3. 注意保持口腔清洁，养成勤刷牙、勤漱口的卫生习惯，防止口腔异味。在工作前，不要饮酒，不要食用葱、蒜、韭菜等有异味的食物，以免引起他人反感。

4. 头发适时梳理，发型整齐大方。

四、服装服饰

1. 营业员着装的基本原则

营业员的着装要求是整洁、美观、大方，着装应具有职业着装的基本特征。

（1）统一性。讲究统一是营业员着装美的基本原则。在现代商场、餐厅、化妆品专柜、服装专柜等，均应穿戴风格多样、款式不同但又局部统一的工作服饰。

（2）和谐。衣着之美，很大程度上在于相称，也就是要与自己的职业、身份、年龄、性别相称，与周围的环境、场合协调。营业员的工作着装要与工作环境在风格上和谐或互补。

（3）含蓄。含蓄，作为中国传统审美趣味，通常被视为服饰美的至高境界。营业员的着装应体现出民族特点与时代新潮的有机融合，解决好藏与露的适度关系。

（4）整洁。营业员的服饰关键是整洁、得体。整洁是服饰美最基本的礼仪要求。整洁的服饰不仅使顾客享受到一种视觉形式美感，而且还会产生一种心理上的安全感；美观整洁的服饰，既突出营业员的精神面貌，也反映了商场的管理水平和卫生状况。

2. 营业员着装礼仪

（1）穿工作制服。工作制服有统一规范的要求，不能随意修改。不管在哪个部门，营业员都不得穿奇装异服。食品销售人员应按照规定穿着专用工作服，戴好口罩、工作帽及手套等。鞋也是着装的一部分。在工作岗位上应穿黑色或咖啡色皮鞋，禁止穿运动鞋、拖鞋、草编鞋等。如果有些工种需穿布鞋，同样也应保持洁净。应当每天把皮鞋擦得干净、光亮。

（2）佩戴好工作牌。在工作岗位上，工作牌是营业员个人形象的重要组成部分。无论是哪一个具体部门的营业员，都应把工作牌端正地佩戴在左胸正上方，并保证其完好无损。

第2节 售货用具的检查和准备

学习目标

➢掌握计量器具的检查和准备

➢掌握计价用品的检查和准备

➢掌握包装用品的检查和准备

➢掌握其他辅助用具的检查和准备

知识要求

完成了商品的准备后，营业员要按照售货前的准备工作顺序对售货用具进行检查和清洁，以保证当天的经营能够顺利进行。

一、计量器具等的检查、校准、整理

营业前，员工要根据出售商品的操作需要，准备、查验好售货工具和用品，并按习惯固定放在适当的地方，以便售货时取用。

这个环节工作的注意点是，检查和校验计量器具是否准确、灵敏，并放在固定、顺手的地方，以方便营业。同时，要对这些计量器具做好清洁工作，抹掉灰尘，洗清污垢。

1. 检查准备计量器具

常用的计量器具主要是指秤、尺、量杯或提子等度量衡器。营业员对其不仅要会正确使用，还必须注意校验其灵敏度和准确性。

2. 准备测试用具

有不少商品在出售前，必须准备一些测试用具，诸如电笔、万用表、接线板、信号仪以及电池、纸张、墨水、穿衣镜等，对其试用。

3. 准备宣传材料

宣传材料，在此是指与商品相关的广告、说明、介绍，以及图片、模型、沙盘、声像、软件等。营业员在上岗之前，应将其认真备齐，以供赠送或顾客索取。

4. 准备销售用具

营业员在销售商品或提供服务时，往往需要备好一些必要的用具，诸如椅、刀、剪、

钩、勺、夹、板、杯、碗等，对其均应认真进行检查，并要严守有关规定。

5. **准备找零钱款**

在顾客付款时，不允许要求对方自备零钱，更不能以任何借口拒找零钱。为此，应提前根据实际需要，备好零钱的具体品种，并确保数量充足。

6. **整理台面**

在进行准备时，员工必须将自己使用的台面清理整洁；文件、资料、文具要分片摆放，切勿平时随手乱扔，用时东寻西找，自己心中无数，外人看起来杂乱无章；对于自己负责管理的柜台、货架，要确保无积尘、无污迹；在柜台上，切勿放置任何无用之物；在货架上，各类商品不仅要分类码放，而且必须码放整齐；对于废弃之物，要随时发现，随时清理。

二、计价用品的检查和准备

计价用品主要有电子计算器、圆珠笔、复写纸、发货票等。这些用品在营业之前都要根据需要备齐，电子计算器还要检查是否准确、灵敏，放在适当的位置，以便取用。有的商店实行货、款合一的收款方式，营业员还要准备好发票，发票和发货票都要妥善保管，以防丢失。

三、包装用品的检查和准备

包装用品主要有马甲袋、食品袋、包装纸、手提纸袋、盒、捆扎绳、胶带纸、绢带、美工刀等。在进行商品包扎时，要注意大小适宜，包扎牢靠，符合卫生标准。同时，还要注意有利于环境保护。这项准备工作的重点是，各类包装用品的规格应齐全并数量充足。原则上，商店所出售的各种类、各规格的商品都应该有相应的包装用品。

食品尤其是熟食，所使用的包装用品要符合国家卫生要求。

四、其他辅助用品的检查和准备

其他辅助用品是指在营业中所需要的用具，主要包括售货用品、测试用品和包扎用具。售货用品的准备要安全，方便售货。如消费者使用的试鞋镜、试衣镜、试帽镜、意见箱等要擦拭干净，摆放在适当的位置。食品尤其是熟食的售货用品应在开业前做好清洗和消毒。测试用品要保证在售货过程中可供测试，如电池应有足够的电量等。

总之，在开业前营业人员对相关的辅助用品都要进行相应的检查和准备，要保持这些用品功能完好、外观清洁。在营业过程中，营业员还要做有心人，始终保持这些用品的完好和清洁。

第 3 节　检查和清理环境

学习目标

➢熟悉营业场地的清理方法

➢掌握营业设施的检查方法

➢掌握个人卫生的检查方法

知识要求

良好的营业环境是商业经营的最基本的要求。商场应为消费者提供一个安全、整洁、明亮、舒适的购物环境。

一、清理营业场地

在开门营业前，营业员必须将本柜台内外的营业场地打扫干净，整理和清除妨碍消费者和自己行走的物件，如开箱、拆包的包装物等。做到柜台、货架、通道无杂物、无灰尘。用拖把拖过的地面，要注意不要留有水渍，以防消费者和自己不注意时滑倒。

二、检查营业设施

检查营业照明灯有无故障，停电时的备用灯源能否使用。检查空调是否能正常工作，冷藏柜、冷风柜运转是否正常等，发现异常情况及时报告。

在检查的过程中，要做好这些设施的清洁工作，尤其是容易积灰纳垢的地方要特别注意。商铺在一定的周期内要集中安排一次大检查，以保证营业设施的正常运作。

三、检查个人卫生

1. 仪容要美观、整洁

营业员的梳妆打扮要朴素大方，发型应保持整洁、美观，不留怪异发型，不浓妆艳抹。

2. 服饰要美观大方

营业员在营业前，应提前穿好工作服，没有工作服的不能穿奇异服装，同时要把营业员工作牌按规定端正地佩戴在胸前。

3. 注意个人卫生

营业员要十分注意个人清洁卫生，要做到“四勤”，上岗前不吃带异味的东西等。

第 5 章

售货接待

第 1 节　服务礼仪规范

学习目标

➢了解服务礼仪的概念与功能

➢理解服务礼仪的原则

➢掌握服务礼仪的要求

知识要求

随着社会物质文明的发展，顾客的精神需求也越来越高。因此，现代零售商场的竞争已不仅仅是产品本身的竞争、硬件设施的竞争，更是员工素质、服务、礼仪的竞争。良好的礼仪修养与服务技能可以帮助营业员获得专业、得体、有礼、有节的形象以及交流技巧，给顾客留下良好的第一印象，同时能提高销售成功率、提高顾客满意度与企业美誉度。现代服务要求礼仪贯穿整个过程，只有把员工素质、服务礼仪变成新的生产力，商场才能在激烈的市场竞争中显示出自己的强劲优势。

一、服务礼仪的概念与功能

1. 服务礼仪的概念

服务礼仪既是服务人员应具备的基本素质，也是服务活动中应遵循的行为准则，它是通过言谈举止，对顾客表示尊重和友好的行为规范。简单地说，服务礼仪就是服务人员在工作场合使用的礼仪规范和工作艺术，它使无形的服务有形化、规范化、系统化，并指导和协调服务人员在服务活动中采用有利于处理顾客关系的言行。

服务礼仪可以塑造完美的营业员个人形象及商场形象，让营业员在服务开始之前就赢得顾客的好感、信任和尊重。只有注意了礼仪和灵活运用礼仪才能及时避免顾客的异议和投诉。

可见，服务礼仪就是完善销售过程的点金棒，是与顾客交往的润滑剂和成功交易的催化剂。

2. 服务礼仪的功能

服务礼仪的功能表现在以下几个方面。

（1）表达尊重的功能。向顾客表示敬意，有礼仪的销售行为，蕴涵着对顾客的尊敬。

（2）约束服务行为的功能。礼仪作为行为规范，对商店的销售行为具有很强的约束作用。商店礼仪规范一经制定和推行，经年积淀，便成为商店的文化和形象规范。任何一个工作在某种礼仪习俗和规范环境中的人，都会受到该服务礼仪的约束。

（3）教化员工的功能。礼仪具有教化功能，主要表现在礼仪会成为商店文化的重要组成部分，它作为一种“传统”，由老员工传递给新员工。在商店的发展中，服务礼仪的传承作用具有极为重大的意义。

（4）调节人际关系的功能。礼仪作为一种规范、程序，作为一种企业文化，对营业员与顾客之间的关系模式起着规范、约束和及时调整的作用。

二、服务礼仪的原则

店铺服务礼仪不仅仅是微笑服务、敬语服务，更需要态度和蔼的真诚服务。主动、热情、周到地做好销售服务工作，是营业员服务精神、职业道德的集中体现。服务礼仪要遵循“三心二意”的原则。“三心”是指耐心、关心、爱心；“二意”是指善意和诚意。

1. 耐心

耐心，即要有“忍耐性”和“忍让性”。在服务繁忙的时候，不急躁、不厌烦；遇到顾客不礼貌的时候，不争辩、不吵架，应保持冷静，委婉解释，得理也得让人，退一步海阔天空。

2. 关心

关心，即主动服务，是服务礼仪的基本要求。服务人员在顾客没有开口之前，时时处处自觉为顾客服务。要做到“五个主动”，即主动问候、主动招呼、主动介绍、主动服务、主动征求意见，使顾客高兴而来，满意而归。

3. 爱心

爱心，即热情的服务，是服务礼仪的较高境界。对待顾客如同对待自己的亲友一样，笑口常开、语言亲切。要做到“五个一样”，即内宾和外宾一样，男宾和女宾一样，老少一样，成交多少一样，成交与否一样。

4. 善意

善意，即人性化、对象化的服务。从顾客实际情况入手，使服务礼仪规范更加适合顾客，符合顾客的现实需要。比如，发现顾客是个左撇子，在递物品给他的时候，就可以递到他左手方向的位置，以方便他接拿。

5. 诚意

诚意，即周到的服务，服务工作要完善妥帖，细致入微。要善于从顾客表情和神态的变化中，了解顾客的意图，灵活应变，想顾客之所想，急顾客之所急，处处体贴顾客，千方百计地帮助顾客排忧解难。

除此之外，终端销售礼仪还要遵循真诚尊重顾客、接待顾客平等适度、自信自律、守信宽容等原则。

三、服务礼仪的要求

1. 站姿要求

（1）规范的站姿。良好站姿的要领是双腿并拢立直，两脚跟相靠，体重均匀地落在双脚上，头正肩平，两眼平视前方，挺胸，收腹，身体保持平衡，双臂自然下垂或交叉放于腹前，身体不倚靠货柜。优美的站姿关键在于脊背的挺直。挺拔、立腰、向上是训练站姿的最基本要领。优美的站姿男女有别：女性营业员站立时，双手叠放身前，右手在上，两脚张开呈小外八字或“V”字形，两脚尖之间呈 30～60 度，两腿并拢伸直，双膝靠在一起；男性营业员站立时两脚平行分开与肩同宽，两腿伸直，身体平稳，双肩展开，下颌微收。简而言之，站立时应舒适自然，有美感而不造作。

（2）不同站姿的要求。主要包括以下几个方面。

1）恭候顾客的时候站姿。在基本站立的基础上，手的位置并无变化，两脚尖呈“V”字形分开，两脚之间呈 30～60 度不等。女性营业员脚尖开度比男性营业员略小些。注意提起髋部，身体的重量应该平均放在两条腿上。当营业员在自己的工作岗位上，尚无顾客接待，或恭迎顾客来临时，大部分采用这种站姿。它的最大特点是可以使营业员感到比较舒适和轻松。

2）接待顾客时的站姿。可采用腹前握指式站姿，即头部稍稍转向顾客，面带微笑，两脚一前一后，呈“丁”字步，一脚的脚后跟靠于另一脚内侧的中心位置，脚尖略张开，夹角要小于 90 度，身体重心落于两腿之间。更重要的是，两腿应该紧紧靠拢，两手握指交于腹前；也可采用腹前交叉的方式，这种站姿适用于女性营业员。接待顾客时，男性营业员可以两腿分开，但两腿距离不能超过肩宽。

3）柜台服务站姿。柜台服务的站姿应该把握两个方面的问题：一是手脚可以适度地放松，有时双手可以放置在身前的柜台上；二是两膝要伸直不能弯曲，不能有驼背、塌腰等现象。

2. 坐姿要求

（1）入座规范。店铺营业员和顾客坐下来交流时，应该注意以下礼仪规范。

1）出于礼貌，和顾客一起入座的时候，要分清主次，一定要请对方先入座，而且注意不可以坐在桌子上、窗台上、地板上，或者沙发的扶手上。

2）一般讲究左入左出，就是如果条件允许，在入座的时候最好从座椅的左侧进去。这样做，是“以右为尊”的一种具体体现，而且这样也方便就座。坐的时候动作要轻，以免产生噪声。

3）入座轻柔和缓，起座要端庄稳重，不猛起猛坐，以免碰得桌椅乱响，或带翻桌上的茶具和物品，令人尴尬。

4）两腿不要分得过开，两脚应平落在地上，而不应高高地跷起来摇晃或抖动。

5）与顾客交谈时勿以双臂交叉放于胸前且身体后仰，因为这样可能会给人一种漫不经心的感觉。

6）欠身致意。坐着的时候如果遇到熟人及公司有关人员时，可以欠身致意，上半身稍向前倾，面带微笑注视对方；欠身时只需稍微起立，不必站立。

7）离座的要求。离开座椅时，身边如果有人在座，应该用语言或动作向对方先示意，然后再站起身来。当与顾客同时离座，要注意起身的先后次序。作为营业员，应该稍后于顾客离座。离座的动作要轻缓，不要弄响座椅，或将椅垫、椅罩掉在地上。

总的说来，在营业员的坐姿规范中，男性营业员的坐姿要端正，女性营业员的坐姿要优雅。

（2）常见坐姿。主要包括以下几种。

1）“正襟危坐”式。适用于最正规的场合。要求是：上身和大腿、大腿和小腿，都应当成直角，小腿垂直于地面。双膝、双脚包括两脚的跟部，都要完全并拢。

2）垂腿开膝式。这是男性营业员的正规坐姿，要求上身和大腿、大腿和小腿都成直角，小腿垂直于地面。双膝允许分开，分开的幅度不要超过肩宽。

3）双腿叠放式。适合穿短裙的女性营业员。要求是：将双腿一上一下交叠在一起，交叠后的两腿间没有任何缝隙，犹如一条直线。双脚斜放在左（右）一侧。斜放后的腿跟与地面呈45度夹角，叠放在上的脚的脚尖垂向地面。

4）双腿斜放式。适合于穿裙子的女性营业员在较低的位置就座时所用。要求是双腿首先并拢，然后双脚向左或向右侧斜放，力求使斜放后的腿部与地面呈45度夹角。

5）双脚交叉式。适用于各种场合，男女营业员都可选用。要求是双膝先要并拢，然后双脚在踝部交叉。需要注意的是，交叉后的双脚可以内收，也可以斜放，但不要向前方远远地直伸出去。

6）双脚内收式。适合在一般场合采用，男女营业员都适合。要求是：两条大腿首先并拢，双膝可以略分开，两条小腿可以在稍许分开后向内侧屈回，双脚脚掌着地。

7）前伸后曲式。是女性营业员适用的一种坐姿。要求是：大腿并紧后，向前伸出一条腿，并将另一条腿屈后，两脚脚掌着地，双脚前后要保持在一条直线上。

3. **走姿要求**

（1）走姿规范。走姿是站姿的延续动作，是在站姿的基础上展示营业员动态美的极好手段，潇洒优美的走路姿势能显示出营业员的动态美。我们常说“行如风”，这里并不是指走路飞快，如一阵风刮过，而是指走路时要犹如风行水面，走姿要求轻快而飘逸。良好的走姿能让营业员显得体态轻盈、朝气蓬勃，反之，则给顾客“懒散”“无礼”的印象。

步幅标准：男性营业员在40厘米左右，女性营业员在36厘米左右，不宜太大。

速度均匀：男性营业员每分钟行走108～110步，女性营业员每分钟行走118～120步。

摆幅（手臂与躯干的夹角）不超过30度。

（2）不同情况的走姿。陪同引导的走姿：引导顾客时要尽量走在顾客的左前方1.5米处（两步左右的距离），上身稍向右转，侧身向着顾客，微笑引领，当左前方有景色或是障碍物时，营业员需要站在右前方1.5米处为顾客引领。

与顾客道别时：应该面向顾客退后两三步后再转身离去。

在商场遇到顾客向自己走来时：要礼貌地停下来，给顾客让路，同时给顾客以微笑，配合邀请式的手势，示意顾客先通行。

4. **蹲姿要求**

（1）蹲姿规范。在商店中，营业员需要蹲下的有两种情况：一是捡起掉在地上的物品；二是在为顾客整理商品的时候（例如在服装店铺中，顾客试穿新裤子，营业员为其整理裤腿时），这些时候都需要营业员蹲下处理。营业员蹲下时应注意以下规范。

1）下蹲捡物品时应自然得体大方。

2）两膝盖并拢，两腿合力支撑身体，避免滑倒。

3）下蹲的时候上身保持笔直，使身体姿势保持优美。

不良的蹲姿：很多时候有些营业员习惯弯腰、俯背、撅起臀部。这种姿势对于营业员来说非常不雅，也不礼貌。

（2）常用的两种蹲姿

1）高低式蹲姿：下蹲时，左脚在前，右脚稍后。右膝须低于左膝，右膝内侧可靠于左小腿的内侧，形成左膝高右膝低之态。女性营业员应靠紧两腿，男性营业员则可适度地将其分开。

2）交叉式蹲姿：通常适用于女性营业员，尤其是身穿短裙的女性营业员。右脚在前，左脚在后，左膝由后下方伸向右侧，左脚脚跟抬起，并且脚掌着地。两腿前后靠近，合力支撑身体。上身略向前倾，而臀部朝下。

下蹲时，应该注意：不要突然下蹲，即蹲下时，速度切勿过快；应与身边的人保持一

定距离；在他人身边下蹲，尤其是在顾客身旁下蹲时，最好与之侧身相对。

5. 手势要求

手势是仪态的重要组成部分，是通过手和手指活动来传递信息的体态语言。它不仅能对口头语言起到加强、说明、解释等辅助作用，而且还能表达有些口头语言所无法表达的内容和情绪。因此，规范、恰当、适度的手势，有助于增强表情达意的效果，并给人一种优雅、含蓄、礼貌、有教养的感觉。

（1）基本手势。规范的手势应当是手掌自然伸直，掌心向内或向上，手指并拢，拇指自然稍稍分开，手腕伸直，使手与小臂成一直线，肘关节自然弯曲，大小臂的弯曲以140度为宜。

（2）常用服务手势

1）迎接客人时。迎接客人时可采用“横摆式”。营业员站在顾客的右侧，摆成丁字步，左手下垂，右手手指并拢伸直，从腹前抬起，向右横摆到身体的右前方，面带微笑，目视顾客，直至顾客走过方可放下手臂。这是在商场中常用的手势。

2）请顾客入座时。请顾客入座时采用“斜臂式”。营业员要用双手扶椅背，将椅子拉出，然后右手抬起，从上向下摆动到与身体呈45度角处，使手臂向下形成斜线，请顾客入座。

3）为顾客指引方向时，即引导手势。引导顾客时，首先轻声地说“您请”，然后采取“直臂式”指路。在指示方向时，上体微前倾，面带微笑，将右手从前面抬到与肩同高的位置（肩、肘、腕关节处于同一水平线），掌心向上，用手掌指明顾客要去的方向，身体侧向对方，眼睛看着所指目标方向，并兼顾对方是否看清或意会到目标，直到对方表示清楚了，再放下手臂，后退一步请对方先走。

4）展示物品及递接物品时。递商品给顾客时，不同的商品采用不同的方式。拿东西时动作要自然，五指并拢，用力均匀，不要跷起无名指与小指，以避免作态之嫌。

接住顾客递过来的物品时要双手伸出接住，表示尊敬。无论任何时候从顾客手中接过任何物品，都要说“谢谢”，对给顾客造成的任何不便都要说“对不起”。将证件等递还给顾客时应予以致谢，不能将证件一声不吭地扔给顾客或是扔在桌面上。

①递送化妆品（如香水）时，左手食指轻按瓶口，右手手掌在下托住瓶底，柔和地递到顾客面前。

②递送衣服时，左手提住衣架或衣物的上端，右手托住衣服下摆，送到顾客面前，如果顾客要试穿，必须帮顾客取出衣架。

③递送皮鞋时，左手捏住鞋的外侧，右手托住鞋底，同时蹲下身将鞋放在顾客脚边以方便顾客试穿。

5）夸奖类手势。夸奖类手势主要用以表扬他人。伸出右手，翘起拇指，指尖向上，指腹面向被夸奖的人。将右手拇指竖起来反向指向别人，就意味着自大或藐视。将拇指指向自己的鼻尖，是自高自大、不可一世的意思，营业员要禁用。

6. 表情要求

表情是人的思想感情和内在情绪的外露，它通过人的面部情态和姿态的变化表现出来。在人际交往给人的各种影响中，表情占有相当大的比重。

人的表情是通过眼睛、眉毛、嘴巴、面部肌肉以及它们的综合运动来表现的。在众多的表情形式中，眼神和微笑是最主要的传递信息的表情，表情美是营业员仪表美的动态表现，人的表情美主要包括眼神友好和笑容真诚。

（1）表情的第一要素——眼神。眼神能够最明显、最自然、最准确地展示人的心理活动，它在面部表情中占据主导地位。一般来说，人们交往所得信息的87%来自视觉，来自听觉的信息仅为10%左右。眼睛是心灵的窗户，能如实地反映人的思维活动。

1）对初次见面的顾客，应微微点头，行注目礼，表示出尊敬和礼貌。

2）在与顾客交谈时，应当不断地通过各种目光与对方交流，调整交谈的气氛。交谈中，应始终保持目光的接触，随着话题、内容的变换，作出及时恰当的反应，用目光流露出或喜或惊、或微笑或沉思等会意的情思，使整个交谈融洽、和谐、生动、有趣。

营业员的眼睛不但要会观察每一位顾客，还要学会用眼睛“说话”，用眼神打招呼。如果顾客仅仅是从你的面前经过，并无停留之意，这时最好的举止便是用眼神传递你的问候，让他得到这样的信息：“如果需要，我将乐于帮助您。”这话要说出来便有打扰之嫌，但用眼神表达出来则会取得更好的效果。需要注意的是，商场中的营业员不要使用不礼貌的眼语，如斜视、俯视、不屑一顾、轻浮等。

（2）表情的第二要素——微笑。微笑能反映营业员的职业道德。只有营业员对自己从事的职业有了肯定的认识，从心灵深处认识到微笑服务的意义和作用，营业员才能以强烈的责任感和饱满的热情，全身心地投入到工作中去，自觉地为顾客提供微笑服务。

微笑是服务态度中最基本的标准，是良好服务态度的重要外在表现形式，它能使人时刻保持良好的工作情绪，以提供周到细致的服务。

微笑会使顾客感到宽慰，善意、会心、真诚的微笑，能迅速地缩小营业员与顾客间的心理距离，创造出和谐、融洽、互尊、互爱的良好氛围，在交流与沟通中起着润滑剂的作用。

微笑的“四不要”：不要缺乏诚意，强装笑脸；不要露出笑容随即收起；不要仅为情绪左右而笑；不要只把微笑留给上级、朋友、老顾客等少数人。

7. 迎宾礼仪

接待礼仪最重要的是态度亲切、以诚待人。在通常的理解中，迎宾就是说“您好，欢迎光临”。在现代商务礼仪中，说“欢迎光临”的时候要求服务人员融入感情，眼神要流露出欣喜。此外，迎宾的服务礼仪还有“五步目迎、三步问候”等要求。

（1）五步目迎，三步问候。在开放式的服务空间中迎接顾客，要记住“五步目迎，三步问候”的原则。目迎就是行注目礼。迎宾的人员要专注，注意到顾客已经过来了，就要采用迎向顾客的姿势，注意抬头、挺胸，用眼神来表达关注和欢迎。注目礼的距离以五步为宜，在距离三步的时候，营业员就要快步走向顾客，给顾客留下良好的印象，以赢得顾客的信赖。在迎接顾客的时候，通常应该说“您好，欢迎光临，里边请”等话语。

（2）15 度鞠躬。为了表示对顾客的尊敬，很多服务场所的工作人员都会向顾客行鞠躬礼。日本式的礼仪对于鞠躬要求达到 30 度。但是，按照一般的惯例行 15 度的鞠躬即可，这样比较符合中国的国情。

（3）三分笑。面带微笑，使进来的顾客感觉亲切且受到欢迎。营业员在迎接顾客的时候要始终面带恰到好处的微笑，表现出礼貌、亲切、含蓄、妥帖。但是，笑脸也不能过头，切忌不合时宜地大笑，否则会让顾客感到莫名其妙，从而产生排斥感。

（4）引导礼仪。应走在顾客的左前方或右前方为其指引，切不可在顾客后方以声音指示方向及路线，走路速度不要太快或太慢，必须配合顾客的脚步，将顾客引导至正确位置。

（5）双手接递。在交换名片、传送商品给顾客时应双手接递以示尊重。如果无法以双手接递，也要尽量以右手呈送表示礼貌。

（6）一视同仁。不论顾客是何种身份，都应视其为贵宾而诚挚款待，不要厚此薄彼，以貌取人，并作为是否隆重接待的依据。

8. 接待礼仪

在与顾客接触、招待的过程中，营业员需要落落大方，以平等的心态与顾客交往，不要卑躬屈膝，否则会降低顾客的信赖程度。

接待顾客时，营业员应说话口齿清晰、音量适中，最好用标准普通话。

营业员要有先来后到的次序观念。先来的顾客应先给予服务，对后到的顾客应亲切有礼地请他稍候片刻，不能置之不理，或本末倒置地先招呼后来的顾客，而怠慢先来的顾客。

在营业场所十分忙碌、人手又不够的情况下，营业员在接待等候多时的顾客时，应先向对方道歉，表示招待不周恳请谅解。

在接待过程中，营业员应让顾客随意自由地选择，最好不要在一旁唠叨不停，或贴身服务。因为日常生活中人的安全距离为 1.5 米左右，在这个范围内人体会对不明物产生自我保护式的抗拒。所以，在商场中，如果正在为顾客服务，距离在 1 米左右为宜，但是，当顾客暂时不需要营业员帮助的时候，营业员要在距顾客 3 米左右时把速度放慢下来，从而让顾客有足够的心理准备，并且最终把距离控制在 2 米左右并保持不变。

9. 电话礼仪

电话礼仪有一系列约定俗成的规则，这些规则可以使营业员同顾客的电话联系更加顺利、更加快捷。即使是很小的事情，都会产生长远的影响。在许多生意上，电话联系是顾客同营业员的第一次接触。所以，友好地进行电话联系是能够马上改善服务的一种花费最少的办法。

(1) 应在电话铃响三声之内接听电话。

(2) 在电话接通之后报出自己所在商店的名称。接电话者应该先主动向对方问好，并立刻报出本店的具体情况，如："您好，××商场。"

(3) 通话过程中请对方等待时应主动致歉："对不起，请稍候。"

(4) 邻座无人时，应主动协助接听电话。

(5) 如接到的电话不在自己的业务范围之内，应尽快转相关人员接听；如无法联系应做好书面记录，及时转告。

(6) 接到打错的电话，同样应以礼相待。

(7) 每次通话时间要有所控制，电话礼仪规范中强调"三分钟"原则，即"以短为佳，宁短毋长"。因此，拨打电话前应有所准备，通话要简单明了，不要在电话中聊天。

(8) 左手持听筒、右手拿笔。在与顾客进行电话沟通的过程中往往需要做必要的文字记录。在写字的时候一般会将话筒夹在肩膀上面。因此，提倡用左手拿听筒，右手写字或操纵计算机，这样就可以轻松自如地达到与顾客沟通的目的。

(9) 确定来电者身份、姓氏。电话是沟通的命脉，一些规模较大的商店的电话都是通过前台转接到内线的，在确定来电者身份的过程中，尤其要注意给予对方亲切随和的问候，避免对方不耐烦。

(10) 养成复述习惯。为了防止听错电话内容，一定要当场复述。特别是同音不同义的词语及日期、时间、电话号码等数字内容，务必养成听后立刻复述、予以确认的良好习惯。电话接听完毕之前，不要忘记复诵一遍来电的要点，防止记录错误或者偏差而带来的误会。

(11) 最后道谢。最后的道谢也是基本的礼仪。顾客是商店的衣食父母，商店的成长和赢利的增加都与顾客的来往密切相关。因此，营业员对顾客应该心存感激，向他们道谢。

(12) 让顾客先收线。店内值班人员在接听电话时应切记，在打电话和接电话过程中都应该牢记让顾客先收线。在电话即将结束时，应该礼貌地请顾客先收线，这时整个电话才算圆满结束。

第 2 节　服务语言规范

学习目标

➤掌握声音规范

➤掌握接待用语规范

➤掌握文明礼貌用语

➤掌握文明礼貌用语（英语）

➤掌握柜台常用语

➤掌握柜台常用语（英语）

知识要求

一、声音规范

1. 语调舒缓

语调能反映出一个人说话时的内心世界，表露其情感和态度。营业员应保持说话的语调与所谈及的内容相互配合，并且能恰当地表明对某一话题的态度。

2. 语速适中

讲话的语速也会影响到声音的感染力。就正常人的思考和接受能力来说，说话的语速一般在每分钟 120 个字左右。营业员的语速过快或过慢都会让顾客听起来觉得费力，过快的语速会给人性情急躁、不耐烦的感觉；拖腔拉调会给人有气无力、矫揉造作的印象。因此，营业员应根据顾客的具体情况，适当调节自己的语言节奏，以做到恰到好处地停顿与平稳的语速，从而取得良好的谈话效果。

3. 语气正确

语气也就是说话时的口气。语气一般表现为陈述、疑问、祈使、感叹、否定等不同的形式。语气是交谈者感情的流露，所以，不同的语气往往被认为有不同的言外之意。营业员在工作岗位上说话的语气应是热情、亲切、和蔼和有耐心。

4. 口齿清晰

清晰的表达能够让顾客听清楚沟通内容，这对营业员来说是一项最基本的要求。营业员发音一定要标准，吐字一定要清晰。语言表达是否含糊不清，普通话的流利和标准程度，都会直接影响到声音的感染力。

5. 应对速度适当

营业员如果对顾客的话语反应太快，特别是在知道顾客下面要说什么时的情况下而打断顾客，那么就是一种不尊重顾客的表现，往往会被顾客误解为没有耐心倾听自己的谈话。反之，对顾客话语的反应如果太慢，则会被顾客认为营业员根本就没有认真地听自己的讲话。

二、接待用语规范

接待顾客的语言规范概括起来讲就是“五要”和“四不讲”。

1. “五要”

（1）语言要亲切。营业员在柜台上接待顾客时，使用的语言要从顾客的立场出发，贴近顾客。根据不同的顾客，采用不同的解释语，或选择使用商品的专业术语，或选择使用通俗语言。总之，要消除与顾客在沟通上的障碍，让人有一种亲切感。需要特别强调的是，在这一点上要注意不要将买与卖这一对矛盾反映在语言中。

（2）语气要诚恳。营业员在接待顾客时要了解他们的所思所想，实事求是地与顾客沟通，帮助顾客解除疑虑，切不可用大话、空话来欺骗顾客。

（3）语调要柔和。不论是接待哪一类顾客，营业员都要一视同仁，用柔和的语调与顾客沟通。要做到这一点，营业员要抱有平常心，要有耐心。语调柔和反映了人的一种长期修养。因此，营业员要注意自身的修养。

（4）用语要准确。在与顾客沟通时，用词要达意、恰当，准确地反映事物的真实面貌，帮助顾客了解商品的信息。切不可指鹿为马、不知所云，无法向顾客介绍清楚情况。用语准确同样反映了营业员的一种文化修养。

（5）要讲好普通话。商品的大流通带来了人员的大流动，外来人口的消费是一支不可忽视的力量，营业员在接待顾客时，要坚持讲好普通话，着力服务好来自五湖四海的顾客。

2. “四不讲”

（1）不讲低级庸俗的话。商业是社会精神文明的窗口，营业员站在这个窗口的第一线，无论是从社会精神文明建设的需要，还是从促进商品销售的需要出发，都要坚持在接待顾客时不讲低级庸俗的话，自觉地维护商店的声誉。

（2）不讲讥讽挖苦的话。在接待顾客时，营业员不能以貌取人，更不能讲一些讥讽挖苦的话来伤害顾客。尤其当顾客购买少量商品，又反复挑选，甚至对商品反复抱怨时，营业员仍应善待他们，要有耐心，要站在顾客的立场上为他们考虑，把工作做细，促进销售。

（3）不讲与营业无关的话。营业员应做到三个方面：一是不要在营业时与熟人在柜台上讲与营业无关的话，以免影响接待工作；二是在营业过程中相互之间不讲与营业无关的话，要集中精力接待顾客；三是在接待顾客的过程中不讲与营业无关的话，以免引起顾客的误解。

（4）不讲催促埋怨的话。对反复挑选商品的顾客，营业员要做到不讲催促埋怨的话，要理智地对待这样的顾客。

三、文明礼貌用语

1. “三声”文明礼貌用语

（1）招呼声。应根据不同地区、习惯以及顾客的年龄、性别、职业，分别称呼顾客为“老先生”“先生”“小姐”“女士”“小朋友”，切不可叫“老头”“老太”等不礼貌的称呼。对女士要慎用称呼，一般不应以“大姐”“大嫂”称呼，同时，也切忌称呼50～60岁的中老年妇女为“小姐”。

（2）答询声。讲好答询语的前提是熟悉商品，实事求是。营业员接待顾客要主动、热情，做到有问必答。

（3）道别声。道别的话语要得体、客气，营业员一般可以说“再见”“慢走”“欢迎再来”等。

2. “十四字”文明礼貌用语

“十四字”文明礼貌用语即：您、请、欢迎、对不起、谢谢、没关系、再见。

四、文明礼貌用语（英汉对照）

Please. / 请。

Welcome. / 欢迎。

Hello. / 您好。

Good morning（afternoon，evening）. / 上午（下午、晚上）好。

How are you? / 您好吗？

Sorry. / 对不起。

I am sorry. / 对不起。

Excuse me. / 对不起。

Thanks. / 谢谢。

Thank you very much. / 非常感谢。

Not at all. / 别客气。

Good-bye. / 再见。

See you later. / 再见。

五、柜台常用语

（1）欢迎光临！

（2）您需要些什么？

（3）请您这边看。

（4）可以帮您挑选吗？

（5）您还需要其他商品吗？

（6）请您稍等，我马上就来。

（7）对不起，让您久等了。

（8）货款共计××元，您给我××元，找零××元，请清点。

（9）请保管好销售凭证。

（10）请问，您要开具发票吗？

（11）对不起，您所需要的商品刚卖完，现已经订货，请您留下联系方法，货一到，马上通知您。

（12）请走好，欢迎下次再来。

（13）不客气，应该的。

（14）谢谢！请多提宝贵意见。

（15）请拿好您的商品。

六、柜台常用语（英汉对照）

Glad to meet you. / 见到您很高兴。

Welcome to our store（shop）. / 欢迎光临我们商店。

May I help you? / 您要买什么？

Wait a minute，please. / 请等一会儿。

Here you are. / 给您。

I see. / 我明白了。

I beg your pardon. / 我没有听清楚，请再讲一遍。

I'm sorry. It's my fault. / 对不起，那是我的过失。

Follow me，please. / 请跟我来。

Try it on，please. / 请试穿一下。

第 3 节 服务规范

学习目标

➤掌握接待顾客规范

➤掌握柜台纪律规范

➤掌握收银服务规范

➤掌握人民币的鉴别方法

知识要求

一、接待顾客规范

(1) 顾客走近柜台时，适时适机打招呼，说好第一句话。

(2) 按照顾客的需要拿递商品，要轻拿轻放，不准扔摔商品。

(3) 向顾客推荐介绍商品，要实事求是，态度和蔼，当好参谋。做到多问不烦、多挑不厌。

(4) 展示商品，要讲究技巧，做到“四展示”，即披肩展示、平面展示、立体展示、对比展示，让顾客充分了解商品，促使顾客积极购买。

(5) 顾客认准购买的商品后，营业员应向顾客报价，计价收款，唱收唱付。如果是集中收款，要填写好购货票，递给顾客，指明收款台位置，收回盖有“现金收讫”的取货联，再将商品送给顾客。如果顾客需要购货发票，应按规定办理，如实填写。

(6) 需要包扎的商品，包扎要牢固、美观，便于携带。顾客购买东西多时，主动帮助顾客将商品包扎在一起。

(7) 顾客选购完所需要的全部商品后，要用适当的语言和方式与顾客道别。

（8）营业将要结束时，耐心接待好最后一位顾客，不准以挂帘、关灯、封底款或收拾东西等方式催促顾客，要圆满地完成一天的工作。

二、柜台纪律规范

柜台纪律是商业企业在长期的商业实践中总结出来的，它对提高服务质量，做好商品经营具有重要的作用。

（1）工作时间不要随便离开岗位。

（2）不准带无关人员进入营业岗位。

（3）工作时间不准读书、看报、聊天儿、会客、嬉闹、听歌曲、吃零食、干私活或坐着接待顾客。

（4）工作时间不准长时间或频繁地接打电话。

（5）不准因上货、盘点、结账等内部工作影响接待顾客。

（6）不准兑换外币营业款。

（7）不准将空白发票交由顾客自己填写。

（8）不准拿用商品。

（9）不准私分、抢购紧俏商品。

（10）不准代卖私人物品。

（11）不准销售不符合国家质量标准和安全规定的商品。

（12）不准酒后上岗。

（13）不准与顾客顶嘴、吵架。

三、收银服务规范

收银员的工作不仅仅关系到店铺营业收入的准确性，还是整个店铺的一项综合性管理工作。大多数超级市场都把进口处和出口处（收银处）设计在一起，因此，顾客一进入超市往往第一个看到的工作人员就是收银员，而当顾客选好商品到出口处结算货款时，直接接触到的还是收银员，所以，收银员的服务态度和服务质量是企业形象和管理水平的直接体现，关系重大。这里以超级市场的收银员为例说明收银服务规范。

1. 收银员的职责

（1）热忱服务，礼貌待客。收银员必须以微笑和亲切友善的态度，招呼四方顾客。顾客进门或离店，凡经过收银台时，收银员必须使用礼貌用语招呼顾客。在接待中，应不厌其烦地随时回答顾客提出的问题。收银员在任何情况下，不得与顾客发生争执，做到“我对不争理，客错我担过”。尤其要对老弱病残顾客提供特殊服务。收款完毕，须将商品装进包装袋，并向顾客交代清楚，道一声“再见”。

(2) 准确结算，当面点清。收银员登录收银机时，必须面对顾客将商品与货款交验清楚，实行唱收唱付。在收银机计价的时候，收银员必须确认商品标价正确与否，并熟悉价格的变动情况。收银员在作业时如发现差错，应按正确方式纠正，并向顾客解释清楚。

(3) 收银台整洁有序。收银台及周围区域对超级市场的经营具有特殊的重要性，收银员必须始终保持收银台和收银机的整洁，便于操作。收银员要随时清理收银台上的其他物品，不与销售的商品混淆。在不启用的收银台通道口两端，用链条拦住，不让顾客进出。

(4) 营业款项及时入库。收银员作业管理的重点是管好营业收入，这是保证超市经营管理的最后成果。收银员除在交接班和营业结算后要做好营业收入的结算工作，还要每天固定一个时间做单日营业总结算。在进行总结算时，应将所有现金、有价证券一起进行。结算后由收银员与值班长在指定地点当面点算清楚，并填写每日营业收入结账表，由收银员、值班长签名，最后由专人存入银行。

2. 收银员的作业流程

(1) 收银员作业流程的特点。收银员的作业流程有以下四个特点。

1) 正确性。收银员货币结算必须在准确核价的同时思想高度集中，准确收款找零，操纵收银机正常运行。如果操作不当，收交款发生差错，不仅使企业受损失，而且还会影响与顾客的关系。因此，收银员作业务必准确，误差不能超过企业规定的差错范围。

2) 便捷性。收银员作业不仅要正确，而且要迅速及时，减少顾客的等候时间。尤其是营业高峰或节假日期间，顾客络绎不绝，收银员更要加快结算速度，使顾客满意。同时，还要分门别类地为顾客装袋，让顾客方便地把商品带回家，必要时对一些有特殊要求的顾客多加关照。

3) 安全性。收银员的作业对象是钱款，而收银台又敞开在来往的人群中间。因此，做好收银台的保安工作，不使钱款失窃，增加防范意识是一项重要的工作。为此，收银员除自身要有高度警惕性外，应随时观察周围的可疑行迹，提高识别假币等能力。此外，还要随时准备好防窃器材、设施，并同保安人员及时取得联系，以确保企业财产的安全完好。

4) 规范性。收银作业涉及企业财经纪律和国家货币管理制度，无论在结算、开票、现金存入银行、凭证修正、收银机开启及关闭等方面，都要规范进行，按规定的制度办事。尤其对本店职工购物管理，要严格执行制度，不得有随意性。

(2) 收银员作业流程。超市收银员作业的流程，各企业根据自己的情况制定，常见的收银员作业流程一般可分为营业前、营业中、营业结束后三个阶段。

1) 营业前。主要包括以下几个步骤。

①打扫收银台和责任区域。

②认领备用金并清点确认。

③检验营业用的收银机，整理和补充其他备用品。

④了解当日的变价商品和特价商品。

⑤检查服饰仪容，佩戴好工号牌。

2）营业中。主要包括以下内容。

①遵守收报工作要点，即：欢迎顾客光临；登打收银机时读出每件商品的金额（使用POS机收银时不需做此项）；登打结束报出商品金额总数；收顾客钱款要唱票，如“收您多少钱”；找零时也要唱票，如“找您多少钱”；替顾客装袋服务时，应将生鲜商品、冷冻商品和其他商品分开装入包装袋，大且重的商品应先装入袋中。

②对顾客要保持亲切友善的笑容，耐心地回答顾客的提问。

③发生顾客抱怨或由于收银结算有误顾客前来投诉交涉时，应立即与值班长联系，由值班长将顾客带至旁边接待与处理，以避免影响正常的收银工作。

④等待顾客时，收银员可进行营业前的各项准备工作。

⑤在非营业高峰时间，应听从值班长安排从事其他工作。

3）营业结束后。主要包括以下内容。

①结清账款，填制清单。

②在其他人员的监督下把钱装入钱袋交给值班长。

③引导顾客出店。

④整理收银作业区。

3. 收银员的作业管理

由于收银员工作对超级市场的经营有特殊的重要性，对收银员作业的管理最好要细化到收银员作业流程的每一个作业程序，乃至每一个动作和每一句用语，确定对收银员作业管理的重点是十分重要的。

（1）严明收银员的作业纪律。作为与现金直接打交道的收银员，必须遵守企业严明的作业纪律。主要包括以下几个方面。

1）收银员在营业时身上不可带有现金，以免引起不必要的误解和可能产生的公款私挪的现象。

2）收银员在进行收银作业时，不可擅离收银台，以免造成钱币丢失，或引起等候结算的顾客的不满与抱怨。

3）收银员不可为自己的亲朋好友结算收款，以免引起不必要的误会和可能产生的收银员利用收银职务的方便以低于原有的价格登录收银机，以企业利益来谋取他人私利，或可能产生的内外勾结的“偷盗”。

4）在收银台上，收银员不可放置任何私人物品。因为收银台上随时都可能有顾客退货的商品，或临时决定不购买的商品，如果有私人物品也放在收银台上，容易与这些商品混淆，引起他人的误会。

5）收银员不可任意打开收银机抽屉查看和清点现金。随意打开抽屉既会引人注目而造成不安全，也会使人产生对收银员营私舞弊的怀疑。

6）不启用的收银通道必须用链条拦住，如果不启用的收银通道也开放的话，会使一些顾客不结账就可将商品带出。

7）收银员在营业期间不可看报与谈笑，要随时注意收银台前和视线所见的卖场内的情况，以防止和避免不利于企业的异常现象发生。

8）收银员要熟悉卖场上的商品，尤其是特价商品，以及有关的经营状况，以便顾客提问时随时作出正确的解答。

(2）收银员离开收银台的作业管理。当收银员由于种种正常的原因必须离开收银台时，其作业程序控制如下。

1）离开收银台时，要将“暂停收款”牌放在收银台上。

2）用链条将收银通道拦住。

3）将现金全部锁入收银机的抽屉里，钥匙必须随身带走或交值班长保管。

4）将离开收银台的原因和回来的时间告知邻近的收银员。

5）离开收银机前，如还有顾客等候结算，不可立即离开，应以礼貌的态度请后来的顾客到其他的收银台结账，并为等候的顾客结账后方可离开。

(3）营业结束后收银机的管理。营业结束后，收银员应将收银机里的所有现金、购物券、单据收回金库，放入超市指定的保险箱内，收银机的抽屉必须开启，直至次日营业开始。

(4）收银员对商品的管理。根据超级市场集中结算的原则，凡是通过收银区的商品都要付款结账，因此，收银员要有效控制商品的出入，商品的进入如无特殊需要，一般不经过收银通道。有些商品的出店，如对工厂或配送中心的退货，应从指定地方进出，不得通过收银通道，这样可避免厂商人员或店内职工擅自带出超市内的商品，造成损失。对厂商人员要求以个人的工作证换领超市自备的识别卡，离开时换回。

(5）商品调换和退款的管理。每一个超市都有自己的商品调换和退款的管理制度，原则上凡是食品不予调换和退款（除非是商品质量问题），其他商品应予以调换。

1）接受顾客要求调换商品或退款，超市应指定专门人员接待，不要让收银员接待，以免影响收银工作的正常进行。

2）接待人员要认真听取顾客要求调换商品和退款的原因，做好记录，这些记录可能成为超市今后改进工作的依据。

（6）营业收入的作业管理。营业收入的作业管理的重点是为了保证超市经营管理的最后成果的安全性。

1）收银员的营业收入结算，除了在交接班和营业结束后要进行外，每天要固定一个时间做单日营业的总结算，这个时间最好选择在下午 3 点至 4 点之间，这样可避开营业的高峰，也可在银行营业结束之前进行结款。在每天这个时间结算出的营业收入（如每天下午 3 点），即为前一天下午 3 点至当天下午 3 点单日营业总收入金额。在进行总结算时，应将所有现金、购物券等一起进行结算。结算后由收银员与值班长在指定地点面对面点算清楚，并填写每日营业收入结账表，由收银员和值班长签名，该结账表是会计部门核查和做账的凭证。

2）各收银员的营业收入汇总后，应由专人（最好是两人）存入指定的银行。对营业款存入银行的时间、路线等作出规定，以免发生意外。

（7）收银错误的作业管理。收银员在作业时发生错误是正常的，尤其是在不使用 POS 系统结算的超市中，这种错误更难以避免，因为人工的结算不可能做到像计算机那样精确，就是使用 POS 机结算，由于故障，条形码清晰度、平整度等原因，也可能发生错误，关键是当收银作业发生错误时怎样进行纠正和管理。

1）结账错误的纠正。发现结账错误，应先向顾客致歉并立即纠正；如果发生结账价格多打时，应客气地询问顾客是否愿意再购买其他商品，如果顾客不愿意，应将收银结算单作废并重新登录。如果收银结算单已经打出，应立即将打错的收银结算单收回，重新打一张正确的结算单给顾客，请顾客在作废的结算单上签名，并在作废结算单记录本上登记，请值班长签名作证。

2）顾客携带现金不足或临时退货的处理。如果顾客携带现金不够，不足以支付所选的商品时，可建议顾客办理相当于不足部分的商品退货。此时应将已打好的结算单收回，重打减项后的商品结算单给顾客；如果顾客愿意回去拿钱来补足时，必须保留与不足部分等值的商品，而顾客支付的现金等值的商品可在完成结算后让顾客先行拿走；如果顾客因现金不足临时决定不购买时，其作废结算单的处理程序相同。

3）结算单作废的处理。每发生一张作废结算单，必须立即登记在作废结算单记录本上。作废结算单上必须有顾客的签名，记录本上必须有收银员和值班长两人的签名。作废结算记录本的格式为一式两联，一联随同作废结算单转入会计部门，另一联由收银部门留存，必须是一个收银员一本，以考核收银员的差错率等情况；如果作废结算记录本遗失，就不能办理结算单作废，应视为收银员收银的短缺，由收银员自己负责，这样可以防止收银员以记录本遗失为由的舞弊行为。如果遇特殊情况可补办重领手续，所以作废结算单记录本最好是在收银员下班时交专人保管。所有作废结算单按规定的手续办理，必须在营业总结账之前办理，不可在总结账之后补办，这是预防收银员可能发生不良行为的堵漏方法，要予以重视。如果一笔收款结账有多张结算单，只要其中有一张发生错误，应将其余的结算单一起收回办理作废手续。

4）营业收入收付错误的处理。收银员在下班之前，必须先核对收银机内的现金和购物券等的营业收入总数，再与收银机结出的累计总账款核对，若两者不一致，其差额超出一定金额时，应由收银员写出报告，说明原因。如果是营业收入短缺，应根据收银员的工作经验以及收银机当日营业收入金额，分析出是人为因素还是自然因素造成的，决定该短缺金额是由收银员全赔还是部分赔偿。如果是营业收入盈余，不管是什么原因，收银员要接受支付同等盈余金额的惩罚，因为营业中多收了顾客的购物款，有损于企业形象。

4. 人民币的鉴别

新中国成立以来共发行了五套人民币。每套人民币都具有相关的防伪功能，随着科学技术的发展，人民币的制造运用了新科技，防伪功能越来越强。当前市面上流通的主要是第五套人民币。

第五套人民币自 1999 年 10 月 1 日起陆续发行。2005 年 8 月 31 日，经国务院批准，我国又发行了 2005 年版的第五套人民币。第五套人民币共有 8 种面值，壹角、伍角、壹元、伍元、拾元、贰拾元、伍拾元和壹佰元。1999 年版的壹角、伍角、壹元三种面值为硬币，伍元、拾元、贰拾元、伍拾元、壹佰元面值均为纸币。2005 年版的第五套人民币只是对 1999 年版的第五套人民币在防伪措施上又做了一些修改。

（1）第五套人民币防伪特点。第五套人民币在防伪措施上，吸取了第四套人民币在防伪措施上的成功之处，并借鉴了其他国家在纸币制作上防伪措施的长处。第五套人民币主要有下列防伪特点。

1）纸币含有固定水印。第五套人民币纸币各面值所采用的印钞纸，均含有固定的防伪水印图案，这种水印图案与第四套人民币一样，也是在印钞纸制作时就制作在纸张中，较难仿造。第五套人民币各面值纸币的正面左侧空白处均含有水印，而且，各面值纸币的水印图案不论是 1999 年版还是 2005 年版，都是固定的，迎光透视纸币能够清晰地看清水印图案。伍元、拾元、贰拾元三种面值纸币的水印图案为花卉，且三种面值的花卉图案各不相同：伍元纸币的水印图案为万年青，拾元纸币的水印图案为牡丹花，贰拾元纸币的水印图案为荷花；伍拾元、壹佰元纸币的水印图案均为毛泽东头像，水印头像与纸币上主景人像相同，便于辨识，水印图案立体感很强。另外，2005 年版的壹佰元人民币纸币在正面的左下方印有“100”变色字样，紧邻处，含有“100”字样的水印。

2）纸张材质中含有红、蓝彩色纤维（1999 年版）。第五套人民币选用的纸张材质仍为短棉绒。1999 年版的第五套人民币在这种材质的纸张中，加入了红、蓝色纤维，而 2005 年版第五套人民币在选用这种材质的纸张时，取消了红、蓝彩色纤维，而采用了全息技术。从某种程度上讲，第五套人民币所选用的印钞纸是特制的纸张。这种材质的印钞纸除具有光洁、坚韧、耐折、挺括，并具有较强的抗化学腐蚀性，在较长时间内使用而不易损坏的特点外，还有较强的视觉上的辨识特点。由于采用了高科技手段，很难仿造。

3）钞票纸中安全线更加清晰。第五套人民币在第四套人民币的基础上，对安全线做了新的改进，更加清晰。与第四套人民币相比，第五套人民币印钞纸中所含的金属安全线更加粗，各面值纸币票面正面中间偏左侧含有安全线，肉眼能够辨别出。值得注意的是，第五套人民币在这方面也在不断改进。2005 年版的壹佰元纸币在金属安全线的处理上，采用了金属安全线间隔穿出纸面的新工艺，在这些面值纸币的背面，能够清晰地看到从钞票纸中间隔穿出的金属安全线。

4）制版和印刷工艺先进。第五套人民币在制版和印刷工艺上，采用了当今纸币制作的先进工艺和技术。各面值的纸币票面正面均印有相同的毛泽东头像浮雕像。在制作上，头像图案采用了手工雕刻凹版印刷工艺，凹凸感强。另外，在制版上还采用了阴阳互补对印图案，壹佰元人民币票面正面左下方和背面右下方均有圆形局部图案，迎光透视，正背面图案重合并组合成一个完整的古钱币图案。

5）运用了隐形面额数字、胶印微缩文字和光变油墨面额数字等多重防伪技术。贰拾元、伍拾元和壹佰元人民币纸币的制作都运用了隐形面额数字和胶印微缩文字工艺技术。隐形面额数字是将票面的面额数字印在票面上，由于采用了特殊油墨，所印刷的数字在一般情况下不易看出，要识别隐形数字，必须将纸币置于与眼睛接近的水平位置，然后对着光源平面旋转 45 度～90 度，方可看出隐形数字。胶印微缩文字主要采用微缩技术，将“人民币”字样和面值印在票面的花纹中，要通过放大镜才能看得到。值得一提的是，壹佰元人民币的票面上还含有磁性微缩文字，用仪器检测有磁性。壹佰元人民币还采用了光变油墨面额数字技术，采用这种技术后，壹佰元人民币正面左下方“100”的字样，随着光源照射的角度不同，字体会从绿色变为蓝色。

6）采用横竖双色号码。1999 年版的第五套人民币的贰拾元、伍拾元及壹佰元人民币在号码的印刷上均采用横竖双色号码印刷。2005 年版的壹佰元人民币纸币则采用了横式双色号码印刷技术。

7）盲文制作。第五套人民币各面值在正面的右侧与第四套人民币一样制作有盲文，通过触摸能够准确地区别出各面值的纸币。营业员在收找钱币时，也可以触摸盲文印刷

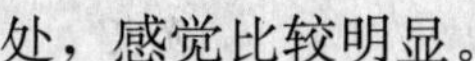

处，感觉比较明显。

(2) 第五套人民币各面值设计风格。第五套人民币在设计风格上既继承了第四套人民币在设计上的民族风格，又在其他方面有了新的突破。

在图案设计上，仍然突出中华民族深厚的文化底蕴。在各面值纸币票面图案的设计上，底色图案均采用了具有民族特色的线条图案，线条流畅、细腻、清楚，具有较强的防伪功能。1元以上票面的正面全部采用了毛泽东头像的浮雕像，立体感强。正面图案的安排上，票面的整体设计较以往简洁。票面的背面按各面值的不同，选用了具有中国特色的花卉图案，或中国的名胜和具有特色的代表建筑。在各面值票面的主色彩的选用上，差异也比较大，使人不易搞错。

第五套人民币的图案设计加上手工雕刻凹版工艺的运用，不仅使各面值票面的图案逼真，而且具有很强的防伪功能，一般很难仿造。

在材质的选用上，第五套人民币也有较大的突破，伍元以下的人民币面值采用了金属材质，分别为铝合金、钢芯镀铜合金和钢芯镀镍合金，这些面值的硬币主色差别比较大，易于区分。

第五套人民币各面值特征见表5—1。营业员可从这些方面加以把握，以辨别人民币的真伪。

表5—1　　第五套人民币各面值特征

面额	图案或文字		主色	材质	规格	发行时间
	正面	背面				
壹角	中国人民银行、1角、YI JIAO等字样	兰花	铝白色	铝合金 不锈钢	直径19毫米×2毫米	1999.10.1 2005.8.31
伍角	中国人民银行、5角、WU JIAO等字样	荷花	金黄色	铜芯镀 铜合金	直径21毫米×2毫米	1999.10.1 2005.8.31
壹元	中国人民银行、1元、YI YUAN等字样	菊花	镍白色	钢芯 镀镍	直径25毫米×2毫米	1999.10.1 2005.8.31
伍元	毛泽东头像	泰山	紫色	纸钞	135毫米×63毫米	1999.10.1 2005.8.31
拾元	毛泽东头像	长江三峡	蓝黑色	纸钞	140毫米×70毫米	1999.10.1 2005.8.31

续表

面额	图案或文字		主色	材质	规格	发行时间
	正面	背面				
贰拾元	毛泽东头像	桂林山水	棕色	纸钞	145 毫米×70 毫米	1999.10.1 2005.8.31
伍拾元	毛泽东头像	布达拉宫	绿色	纸钞	150 毫米×70 毫米	1999.10.1 2005.8.31
壹佰元	毛泽东头像	人民 大会堂	红色	纸钞	165 毫米×77 毫米	1999.10.1 2005.8.31

（3）人民币真伪鉴别要点。目前，我国第五套人民币流通较多，营业员在收找钱币时，应根据它们不同的防伪特点做好人民币的真伪鉴别。具体归结起来为“摸、听、看、测”。

1）“摸”。即通过触摸的方法，主要利用人的触觉。人民币所使用的印钞纸是特别用纸，纸张质地与一般纸张不一样，假币使用的纸张质地不如印钞纸光洁、坚韧、耐折、挺括，营业员在收找时可以从这些方面进行初步判断。“摸”，还可以通过触摸人民币上的盲文来加以鉴别。

2）“听”。即通过抖动纸张的方式来听纸币发出的声响，主要利用人的听觉。人民币所用的印钞纸质地坚韧、挺括，抖动时会发出清脆的声响，而假币使用的是一般纸张，声响不如印钞纸清脆。

在“摸”和“听”的时候，营业员不能机械地判断。有的时候，一些不法分子会在假币上喷上美发用的喷发“摩丝”，然后用熨斗熨平，以增强假币的挺括度，光靠“摸”和“听”可能还不足以鉴别出人民币的真伪，此时，还应该“看”。

3）“看”。即通过看纸币的线条、图案、色彩、品相、大小等来鉴别人民币的真伪，主要利用人的视觉。人民币的制版印刷工艺相当先进，一般的不法分子很难在这方面有突破。从线条上看，人民币上印刷的线条均匀、流畅、清晰、色彩固定；假币在这些方面很粗糙，粗细不均，色彩深淡相间，线条不流畅。从图案上看，由于人民币采用手工雕刻凹版印刷技术、凹印接线技术、套印对印技术和平凸版接线技术等，所印制出的图案精致、清晰、色彩固定、立体感强；假币图案则粗糙、偏色严重、模糊不清、没有立体感。从品相上看，人民币使用的印钞纸由于具有光洁、坚韧、耐折的特点，无论是新的纸币还是旧的纸币，整个纸币的图案浑然一体，比较协调；假币则没有那么和谐。最后，从大小上看，假币钞面往往不是比人民币大，就是比人民币小。

当然，营业员在“看”的时候，还可以充分利用人民币制作上的其他特点来加以鉴别。如第四、第五套人民币的主币均含有水印，营业员可以通过鉴别水印来加以确认。在鉴别水印时，应把握好水印是制作在印钞纸之中而非印制的特点。营业员还可以“看”金属安全线，“看”变色数字、双色号码等。

无论是“摸”“听”，或是“看”，营业员都可以用真币对照来帮助确认。

4）“测”。即通过仪器的检测来确定真币和假币。可以通过紫光灯检测水印，也可以通过验钞机鉴别纸币上所含有的磁性等。

值得营业员注意的是，对有疑问或不能确定真假的钞票，不能收进，应委婉地请顾客另换钱币。

第 6 章

商品整理

第 1 节　检查商品

学习目标

➢掌握检查商品的重点

➢掌握准备商品的添加

➢掌握陈列商品的整理

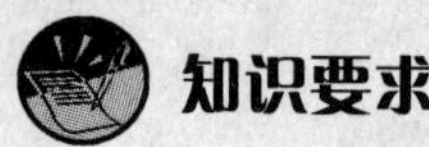

知识要求

一、检查商品的重点

在商品准备的过程中，检查商品的重点是检查营业场所内的过夜商品，包括出样商品和柜台、货架、展示台、特价车、仓库等处的商品，检查所有商品有无缺损等，发现异常情况应及时报告领导。

1. 对出样商品的检查

首先对样品要先销售，即出样商品要在最短的时间内销售完，防止因时间过长而退色变味。其次要做到勤更换，对于一些特殊的商品，摆放三两天后，如果销不完，就要及时地换上新样品，把原来的出样商品打包密封好，以待销售。

2. 对库存商品的检查

对于库存商品的检查要做好几点：首先，商品堆码不宜过高，尤其是食品，堆得高，不容易透气；其次，每垛商品之间一定要留下空隙，以便通风，空隙最小距离以塞下拳头为宜；最后，对于容易串味的商品要分开摆放。

3. 对柜台、货架上商品的检查

卖场员工开完早会后首先要对自己负责的柜台、货架上的商品进行检查或清点。对重点商品，按要求清点数量（包括周转仓的商品），如果发现异常，应及时向领导汇报，查明情况。

4. 对过夜商品的检查

检查过夜商品主要检查商品是否有异常和移动。

5. 检查商品价格标签

（1）员工检查商品价格标签，要逐个商品检查，要求做到货价相符，标签齐全，货签对位。

（2）一般商品要做到一货一签。

（3）对花色品种较复杂、挑选性较大的商品，应做到一件一签，以防止在销售时发生价格差错。

（4）标签要与商品的货号、品名、产地、规格、单位、单价相符；如有不符，要重新制作，货签不对位，要立即更改；没有标签的，要及时补上。

（5）商品价格标签如果是用于商品价格变化不大的商品，则应用计算机统一制作，打印规范。

（6）价格标签如果是用于促销的商品，或价格波动较大的生鲜商品时，可用手写，以适应并吸引顾客。

二、添加商品

经过前一天的销售，柜台、货架、展示台、特价车上的商品在花色、规格、品种、数量上一般会出现不足或者缺档，营业员添加商品的主要工作就是要将这些不足或缺档补足。添加商品的原则是“库内有柜上有”。力求做到出样齐全，方便消费者选购。

1. 整理商品

对货架上摆放的或以各种形式陈列的商品进行归类、整理，做到整齐、丰满、美观大方，留出添加商品空位。

2. 做好商品补货

补货是营业前的一项重要操作内容，一般来说，补货时应该做到以下几点。

（1）要求库有柜有，出样齐全。

（2）要依据往常货柜、货架的容量和往日的销售量，尽量补足商品。

（3）如果出现急缺货或断货，要通知采购部门及时采购商品。

3. 做好某些商品的拆包分装工作

（1）某些商品，从小库搬出后不能直接摆入柜台或货架，必须先拆包、拆篓，甚至还需组装、分装、挑选等。

（2）要依据当地顾客的购买习惯、消费习惯及经营规律，将续补商品整理好，或拆去包装、拆捆，或装组配套，或分装，或拆零；需挑选、分级的商品，还要进行挑选、分级工作。

4. 将续补商品上柜、上架摆放好

（1）一般情况下，依往日摆放的样式，缺什么补什么，缺多少补多少，将续补商品摆放好。

（2）本着丰满、整洁、美观、大方及便于选购的原则，对摆放不当的商品，应做合理的调整。

（3）一般应将当日热销商品陈列在显眼的位置上。

（4）在商品上架时，要根据各种商品不同的特点和出售的情况，采取掀起、抹、烫、装等不同的方法对商品进行整理，使商品清洁、美化，整体美观，利于销售。在整理商品的同时，要认真检查商品质量。如果发现破损、霉变、腐烂或弄脏的商品，应及时剔除或处理。

三、整理陈列商品

1. 对不同类型的商品要区别对待

（1）货架商品的陈列。所有陈列商品的大前提是要有清洁感，都要给进店挑选商品的顾客留有一种明亮、整洁、朝气蓬勃的印象。要保持商品的清洁，必然要保持货架、柜台及商品包装的清洁。各个货架按商品品类陈列。划分好各个区域。

（2）特殊商品的陈列。特价商品和搞活动的商品的陈列比较特殊，这种商品多数是库存较大或是换季商品，需要在短期内大量出售清理。可以有几种方式陈列。一是大量堆陈。大量的堆陈有量的感觉，会吸引顾客注意，顾客可联想到“便宜”。二是明显的价格牌。越大越清楚的价格牌，会有越便宜的感觉。三是价格让利。吸引人的价格，让顾客第一眼看到商品的价格，觉得“物超所值”，提高购买欲望。四是店内广播造势，用听觉刺激顾客产生购买欲。

2. 要做好商品的生动化陈列

（1）生动化陈列目的。刺激顾客的购买欲望，促使其采取购买行动，提升销售量，并达到提高产品及企业形象的目的。

（2）生动化陈列原则。主要包括以下几个方面。

1）利润性原则。要记下能增加销售量的特别陈列方式和陈列物，适时告诉商店经理（或负责人）商品陈列对利润的好处，采用“先进先出”的原则，减小退货的可能性。

2）陈列点原则。主要包括以下三方面。

①应争取的陈列点。传统式商店：柜台后面与视线等高的货架上、磅秤旁、收银机旁、柜台前等都是好的陈列点；超市或平价商店：与视线等高的货架、顾客出入的集中处、货架的中心位置等。

②促销产品陈列点。商店人流最多的走道中央、货架两端的上面、墙壁货架的转角

处、收银台旁等。

③应避免的陈列点。仓库出入口、黑暗的角落、店门口两侧的死角、气味强烈的商品旁等。

3）具有吸引力原则。充分利用现有商品数量，集中堆放以显示气势；正确贴上商品价格标签；完成陈列工作后，故意拿掉几件商品，一来可以方便顾客拿取，二来借此显示良好的销售状况；陈列时将不同品牌的商品划分清楚；配合陈列空间的大小，充分利用广告宣传品吸引顾客的注意，也可运用整堆不规则的排列法，节省时间，并创造特价优待的感觉。

4）方便性原则。商品陈列在顾客容易拿取的位置；争取好的陈列点，便于顾客从不同的位置、方向取得商品；保证货架上至少有80％（以该单品满陈列计算）的商品，可以方便顾客选购；记住货架的正确位置，避免将不同类型的商品混放，促销宣传品不要贴在商品上。

5）价格原则。价格要标识清楚（单价、数量、产地、等级等）；价格标签必须标识在醒目的位置，数字的大小多少也会影响顾客的注意力；直接写出特价的数字比告诉顾客折扣数更有吸引力。

6）商品陈列稳固性原则。做整箱展示时，注意产品的最高堆码限制，既要考虑适当高度以保持吸引力，更要注意其稳固性。整箱展示时，应把打开的箱子摆放在一个平稳的位置上，更换空箱从最上层开始，以确保安全。

第2节　商品标识和标价

学习目标

➢了解商品标识内容

➢熟悉商品标识的分类及规定

➢掌握商品标价的规定

➢掌握变价作业流程

一、商品标识内容

商品标识是标明商品名称、产地、生产厂名、厂址、商品的主要成分含量及其他质量状况、保存期限等信息情况的表述和指示。商品的标识既可以标注在商品上，也可以标注在产品的包装上。商品标识应具有以下几个方面：产品质量检验合格证明，产品名称、生产厂家名称和厂址，产品规格、等级、所含成分，生产日期、安全使用期、失效日期，警示说明、警示标识。

（1）经营包装食品的，要对食品包装标识进行查验核对。

（2）商品的“三证”是指产品质量合格证、卫生许可证和生产许可证。

（3）“三无商品”是指无商品名称，无厂名、厂址，无保质期、出厂日期的商品。

（4）安全使用期包括保质期、保鲜期、保存期。

（5）经营农产品及其他散装食品，经营者必须查验其有效检验检疫证。

二、商品标识

1. 商品标识的分类

（1）按商品标识表现的不同性质划分。主要有：品质标识、数量标识、属性特征标识。

（2）按商品标识的变异情况划分。主要有：不变标识和可变标识。

（3）根据基本构成因素划分。主要有文字标识、图形标识和图文组合标识。文字标识：有直接用中文、外文或汉语拼音的单词构成的，有用汉语拼音或外文单词的字首进行组合的。图形标识：通过几何图案或象形图案来表示的标识。图形标识又可分为三种，即具象图形标识、抽象图形标识与具象抽象相结合的标识。图文组合标识：图文组合标识集中了文字标识和图形标识的长处，克服了两者的不足。

（4）根据维度划分。主要有二维（平面）标识、三维（立体）标识。

2. 标识与商标的关系

能够将自己的商品（含服务）与他人的商品区别开的可视性标识（包括文字、图形、字母、数字、三维标识和颜色组合）均可以作为商标申请注册。申请注册商标的标识，应当有显著特征，便于识别，并不得与他人在先取得的合法权利相冲突。

3. 我国对商品标识的有关规定

（1）我国对出口食品包装的标识作出了全面实行 10%加贴检验检疫标识的规定。

（2）从 2005 年 3 月 1 日起，我国生产、销售、进口的家用空调、冰箱都要贴上带有中国能效标识的标签。其目的就是让消费者在购买空调时多一种新的参照标准，节不节能、省不省电，从这个能效标识上一看就能明白，通过间接提示，增强消费者的节能、环保意识。

三、商品标价的规定

1. 商品价格管理的基本要求

（1）凡商品定价要按有关规定执行。根据市场行情、价格信息、企业经营情况，坚持勤进快销的原则，合理制定商品价格。

（2）所经营的商品都要使用商品编号。按企业计算机管理要求，根据商品种类进行统一编号，并逐步实施商品条形码。所有业务环节凡涉及商品编号的（商品购进、定价、调价、削价处理、标价签、出入库、销售、盘点等）所用票据，均使用统一编号。

（3）制作物价台账。物价台账是企业审查价格，实行经济核算的重要依据，其范围包括经营、兼营、批发、展销、试销、加工。必须做到有货有账，以账审价。

（4）价格信息管理。为使价格触角更加灵敏，为企业经营决策服务，必须加强价格信息工作。价格信息来源于各方经营信息和国家有关行业信息反馈，其基础工作是采价。市场部要组织专职物价员每周进行一次半日采价，主要对某类商品或一段时间内价格波动大的商品、季节性商品、销售畅旺的商品等，进行类比分析，并做较详细的记录。记录内容包括采价商品的名称、零售价、所到单位名称。采价后物价员需对价格动态进行分析，计算出与本企业的价格差，提出参考变价意见，报企业领导，建立价格信息数据库。

2. 商品标价的检查

在销售过程中，商品和商品价格标签经常会被拿开或放乱，应及时检查，随时发现随时归位，以免给顾客造成错觉，引起不必要的误会。检查商品价格标签应从以下几个方面进行。

（1）实行明码标价制度，必须做到价签价目齐全，标价准确，字迹清晰，货签对位，一货一签，标示醒目，价格变动时应及时更换，商品价格一律使用阿拉伯数字标明人民币金额。

（2）商品标价签应包括品名、产地、规格、等级、计价单位、零售价格等主要内容，标价签有专、兼职物价员或指定专人签章。

（3）销售不同品名的商品有下列情况之一的必须实行一货一签：产地不同，规格型号（款式）不同，等级不同，材质不同，商标不同。

（4）标价签或价目表中标明的人民币金额必须采用元、角、分为单位。

（5）削价处理商品必须公开标出商品的原价、现价，以区别于正常商品价格。

（6）如需打贴价格标签，一般商品打贴在商品的正面右上角。

（7）若有价格变动需更换标签，则应撕下旧标签，在原处打贴新标签。

（8）贵重礼品的标签应尽量使用特殊标价卡，最好不要直接打贴在包装上。

3. 商品定价的原则

（1）符合价值规律的要求。价值规律告诉我们，商品价值是生产商品所花费的社会必要劳动，商品价值是商品价格的本质，商品价格只是商品价值的货币表现。用马克思的话说就是："商品的价格只是物化在商品中的社会劳动量的货币名称。"生产商品花费了无差别的抽象劳动（社会必要劳动时间），才形成价值；商品有了价值，才能用货币形式来表现，从而产生价格。因此，生产经营者应遵循价值规律，依据社会必要劳动时间来确定商品价格。而且，随着社会的发展和技术的进步，劳动生产率不断提高，单位商品所包含的社会必要劳动时间缩短，从而降低商品的价格，使商品变便宜。

（2）符合价格构成规律的要求。价格构成是指形成价格的各种要素及其组成情况。商品价格由生产成本和利润两大要素组成。商品的生产成本包括生产商品所消耗的原料、能源、设备折旧以及劳动力费用等；商品的利润是劳动者为社会所创造的价值的货币表现。价格构成中的生产成本应当是生产商品的社会平均成本或行业平均成本，利润应当是平均利润。按照社会平均成本（或行业平均成本）加平均利润制定的价格，便是商品的市场价格。一般情况下，生产成本会随着社会的发展和技术的进步逐步降低；而由于平均利润率形成规律和平均利润率下降规律的作用，平均利润也会呈下降趋势。因此，生产经营者在制定商品价格时，还应体现价格构成要素变动的趋势。

（3）考虑商品的供求状况。虽说供给与需求的关系并非价格的决定因素，但供求关系的确会对商品价格产生重要影响。当供给大于需求时，商品价格会下降；当供给小于需求时，商品价格会上涨。因此，生产经营者应参考商品的供求状况来确定商品的市场价格。

（4）考虑商品的竞争状况。生产经营者根据商品的生产成本、利润和市场供求状况拟定的价格，只是自己主观的价格，现实的市场价格必须通过市场竞争才能形成（专利保护产品除外）。竞争者的多少和强弱，都会对商品价格产生重要影响。生产者往往是依据自己的利益来制定商品价格的，但其竞争对手则会根据自身的利益对这种价格作出反应，从而采取相应的价格决策，原价格拟定者又会调整其价格决策。同时，消费者也会对生产者拟定的价格作出反应，并采取相应的行为对策。因此，生产经营者在制定商品价格时，需要考虑商品的市场竞争环境和条件。

（5）考虑货币供求状况和货币价值变动状况。商品的价值通过一定量的货币表现出来，就是商品的价格。既然商品价格是商品价值的货币表现，那么，其变化就既取决于商品价值的变动（成正比），又取决于货币价值的变动（成反比）。当流通中的货币供应量超过货币需求量而引致一般物价水平持续地较大幅度上涨和货币贬值时，商品价格必然上涨；反之，商品价格必然下跌。因此，生产经营者在制定商品价格时，还应考虑货币供求和币值变动状况。

四、变价作业流程

变价作业是指在商品销售过程中，由于某些内部或外部环境因素的发生，而调整原销售价格的作业。

1. 商品变价管理的内容

商品变价是指对商品原销售价格的调整和变更。商品变价的主要原因有：季节性原因，商品质量原因，款式陈旧或保管不善原因，供求关系变化原因等。营业员进行变价作业时，应正确统计商品的销量，协助店长做好变价商品的准备。

（1）商品调价。商品调价是指提高或降低商品的原定销售价格。商品调价应严格按照政府颁布的申报备案制度办理，营业员在接到价格调整通知单后，应做好调价的准备工作。在调价的前一日营业结束后，由营业员、商品负责人、兼职物价员（经理）等共同对照调价单上的商品名称、产地、货号、花色、规格、品种等项目进行盘点，核实数量，计算出调价前与调价后的金额，填写好商品价格调整单。调价要认真复核，防止错调、漏调，并即时按新价更换价格标签。

（2）商品削价。商品削价是指推销、处理某些残损、质变商品而采取的降低价格的办法。削价商品有适销不对路的商品、款式陈旧而积压的商品、因各种原因影响美观和使用价值的商品。及时处理残损商品，可以减少超市的财产损失，加快超市资金周转。商品削价是超市一项经常性的业务。营业员在做这项工作时，必须按照规定的要求和程序去做。对于削价的商品，通过盘点后如实填写削价报告单，报物价、财会部门和柜组及超市行政领导，按照权限逐级审批。削价处理商品必须公开标出商品的原、现价，以区别于正常商品价格。

（3）制作价格标签。在商品销售期间，由于某种原因价格发生变动是很正常的，但是，价格变动了，价签也要随之变动，否则将无法为顾客提供准确清晰的价格信息。且无论何种情况的价格变动，都应该保持价签的整洁、无涂改，否则，容易造成顾客的误会，影响超市的形象。营业员在制作和更改价签的工作中，尤其要认真、仔细，新的价签应书写清晰，粘贴牢固，旧的价签应清理干净。

2. **商品降价的策略**

一般来说，顾客对商品的降价通常会产生两种截然不同的反应：一是感到商品价廉，经不住价廉优惠的诱惑而产生强烈的购买动机；二是因价格下降而对商品质量产生怀疑，从而抵制其购买欲望。为此，商品降价应着重考虑消费者的购买心理。

（1）降价要“师出有名”。巧立名目找出一个合适的降价理由来，不能让顾客认为是商品卖不出去，或质量不好才降价。现实中商家降价的名目、理由通常有：季节性降价、重大节日降价酬宾、商家庆典活动降价等。如新店开张、开业一周年、开业100天、销售突破若干万元或若干万件等，都可以成为降价的理由。

（2）降价要取信于民。信誉好的超市降价顾客信得过，信誉不好的超市降价顾客信不过，所以，在现实中不同的商家同样搞降价促销，效果会大不相同。

（3）降价次数宜少不宜多。商品降价的次数要尽量少，最好能争取一步到位。

（4）降价幅度应能引起顾客的注意。确定商品的降价幅度时，应以商品的需求弹性为依据。需求弹性大的商品只要有较小的降价幅度就可以使商品销量大增；需求弹性小的商品则需要较大的调价幅度才会扩大销售量。通常，商品降价幅度以10％～30％为宜。

（5）直接降价与间接降价策略应灵活运用。直接降价顾客容易感觉到，但也容易刺激竞争对手相继降价竞销。间接降价指维持原价格不动，只是采取增加折扣率或佣金等办法来销售商品的方法。间接降价有一定的隐蔽性，可以暂时避免因刺激竞争对手而导致的全方位的降价竞销；但由于没有给直接用户带来直接的好处，可能难以达到应有的促销目的。

（6）调价时，应考虑的最重要的因素还是顾客的反应。因为调整商品的价格是为了促使顾客购买商品，只有根据顾客的反应调价才能收到好的效果。

（7）实施降价控制时，必须能对降价作出估计并修改最近各期的进货计划，以反映每次实行降价的理由。实施降价控制使管理人员能对各项政策的执行情况进行检查，如检查商品的储备方式，检查最近的新商品验收情况等。

3. **商品降价的时机选择**

降价时机的选择非常重要，在很多情况下，商家会发现某种商品必须降价，但需考虑时机的选择及如何迅速地贯彻执行。一般而言，需在保本期内把商品卖掉，可选择的降价方式如下。

（1）早降价。存货周转率高的店铺多采用早降价的策略。早降价的好处有：当需求还相当活跃时，降价可促进商品的销售；同旺季过后相比，实行早降价策略降价幅度会小；早降价可以为新商品腾出销售空间，并改善店铺的现金流动状况。

（2）迟降价。迟降价可以使商品有充足的机会按原价出售，但以上列出的早降价的好处恰是迟降价策略的不利之处。

（3）交错降价。交错降价就是在旺销季期间逐次降价，这种降价策略多和“自动降价计划”结合运用。在自动降价计划中，降价的金额和时机选择是由商品库存时间的长短决定的，这样可以有效保证库存的更新和早降价。

4. 各档次商品的变价策略

（1）高档商品变价策略。经营高档商品的店铺，其目标顾客群多是高收入阶层或用做礼品馈赠，他们的消费心理一般是把价格作为自身社会地位或经济地位的象征，关注的也是质量保证与地位显示。因此，对于高档商品的价格调整，尤其对于降价，要慎之又慎。

（2）中档商品变价策略。中档商品在多数店铺的经营中都是主角，因此，商家应花大力气对其价格体系进行调整，以获得最大的整体利润。中档商品的消费者在购买之前会有一个比较过程，购买之后还会有一个使用和评价阶段，只要其服务质量过关，折扣期间的销量一定会很可观。

（3）低档商品变价策略。低档商品的顾客对价格非常敏感，即使微小的价格下调也会刺激他们的购买欲望。同时，他们很容易受群体的暗示而购买一些认为实惠的商品。因此，商家对于其经营的低档商品要经常有适当的打折销售，配合卖场的布置和气氛的营造，刺激顾客的购买欲望。

第 7 章

商品陈列

第 1 节　商品陈列的基本知识

学习目标

➢了解商品陈列的定义和作用

➢掌握商品陈列的基本原则

➢掌握商品归类方法

知识要求

一、商品陈列的定义和作用

1. 商品陈列的定义

商品陈列是指通过运用一定的技术和方法摆布商品，展示商品，创造理想的购物空间，从而达到吸引顾客进店和激发顾客购买欲望的一项工作。

顾客的购买动机、购买目的等受商品陈列的影响。所以，不同的陈列手法、不同的陈列侧重点，对商品的整体销售以及不同产品销售都会有较大的影响。

2. 商品陈列的作用

做好商品陈列对企业和市场有着非常重要的意义。

（1）好的商品陈列能让顾客在最短的时间内找到其需要的商品。

（2）好的商品陈列能够吸引顾客的注意，从而让顾客产生购买欲望。

（3）好的商品陈列能提高企业整体形象，提升品牌知名度。

（4）好的商品陈列不但能提高产品的销售额，还能吸引客流。

（5）好的商品陈列可以给顾客一个良好的印象，即使这次不购买，也能让其留下深刻的印象。

（6）好的商品陈列可以减少商场的库存成本。商品陈列井然有序，可以减少过多的库存，减少不必要的补货，从而降低库存成本。

二、商品陈列的基本原则

1. “先进先出”原则

当货架上陈列在前排的商品被顾客拿空后，补货人员应该先将后排的商品推到前排，然后将生产日期新鲜的新品补到后排空处；当商品第一次在货架上陈列后，随着时间的推移，商品就不断被销售出去，这时就需要进行商品的补充陈列。补充陈列要遵循先进先出的原则来进行。

首先，要将原先的陈列商品取下来，用干净的抹布擦干净货架。然后，将新补充的商品放在货架的后排，原先的商品放在前排。因为商品的销售是从前排开始的，为了保证商品的有效期，补充新商品必须是从后排开始。其次，当某一商品即将销售完毕时，暂未补充新商品，这时就必须将后面的商品移至前排面陈列（销售），绝不允许出现前排面空缺的现象，这就是要做到前进陈列的原则。如果不按照先进先出陈列的原则，那么后排面的商品将会永远卖不出去。食品是有保质期限的，因此，采用先进先出的方法来进行商品补充陈列，可以在一定程度上保证顾客购买商品的新鲜度，这也是保护消费者利益的一个重要方面。

2. 可获利原则

陈列必须确实有助于增加店面的销售。努力争取将店铺最好的陈列位置用于主推产品的销售。要注意记录能增加销量的特定的陈列方式和陈列物。

3. 陈列点原则

好的陈列点：对于传统式商店而言，是指柜台后面与视线等高的货架上、磅秤旁、收银机旁、柜台前等；对于超市或平价商店而言，是指与视线等高的货架、顾客出入的集中处、货架的中心位置等。

促销陈列点：是指商店人流最多的走道中央、货架的端头、墙壁货架的转角处、收银台旁等。

不好的陈列点：是指通往仓库（或工作间）的出入口、照明不好的角落、深型店铺的底部死角、气味强烈的地方等。

4. 吸引力原则

充分将现有商品集中摆放以凸显气势。陈列时将本品牌产品的风格和利益点充分展示出来。配合空间陈列，充分利用广告宣传品吸引顾客的注意。对特惠推广品可以运用不规则的陈列法，可以加强特价优待的意味。

5. 商品搭配原则

商品陈列在于帮助销售，所以陈列时要充分考虑商品之间的搭配。

在做搭配时应充分运用关联销售，注意商品的组合优化。相关商品陈列在一起，既能方便顾客购买，又能刺激顾客的购买欲望。很多商品在顾客心目中是有关联性的，当顾客购买某一样商品时他会需要与之相关的商品来配套，或者经过卖场人员的精心安排，顾客会发现买了甲商品再加件乙商品会是个不错的搭配，这样的关联商品陈列就显得很有必要（如牙膏与牙刷、茶具与茶叶、垃圾篓与垃圾袋等）。

要注意的是，相关性商品应陈列在同一通道、同一方向、同一侧的不同货架上，而不应陈列在同一组双面货架的两侧。比如，服装连锁门店在商品陈列时可以考虑衬衣与领带的组合陈列，裤子与鞋的组合陈列等；计算机专卖连锁门店在商品陈列时可以考虑计算机与摄像头、手写板的组合陈列等。

为了配合顾客追求新意的习惯，在搭配设计时要制造出让顾客常看常新的效果。也就是说，应当定期对组合陈列作出适当的调整，体现新意。

6. 易见易取原则

首先，商品陈列要“显而易见”。标签朝正面，且不被其他商品挡住，陈列的商品要使顾客容易看见，遵循前低后高的原则。商品陈列是最直接的销售手段，要做到让商品在货架上达到最佳的销售效果。要使商品陈列让顾客显而易见，必须做到以下几点。

（1）商品要正面或稍微倾斜面向顾客，使顾客能看清楚。商品品名和贴有价格标签的商品正面要面向顾客，陈列器具、装饰品以及商品 POP 不要影响店内购物顾客的视线，也不要影响店内照明光线。

（2）商品陈列位置符合顾客的购买习惯，对推销区和特价区的商品陈列要显著、醒目，使顾客明白商品陈列所表达的意思。

（3）商品不应摆在棚架里，而应向前整齐陈列着，并且中段以上商品采用直摆方式，下段商品则采用横摆、标签向上的方式。

（4）商品价目牌应与商品相对应，位置正确。

7. 卫生整洁原则

卫生整洁是顾客对商品陈列乃至整个卖场环境的一个基本要求。营业员在陈列商品的同时要保持商品及货架或堆码位置的卫生，将商品上的灰尘及时擦拭干净，体现商品的新鲜度。

8. 放满原则

放满陈列可以给顾客一个商品丰富、品种齐全的直观印象。同时，也可以提高货架的销售能力和储存功能，相应地可以减少商店的库存量，加速商品的周转速度。有资料表明，放满陈列可平均提高 25%的销售额。

商品放满陈列要做到以下几点。

(1) 货架每一格至少陈列三个品种（目前，国内货架长度一般是 1.0～1.2 米），畅销商品的陈列可少于三个品种，保证其量感；一般商品可多于三个品种，保证品种数量。

(2) 按每平方米计算，平均要达到 11～12 个品种的陈列量。

三、商品归类

1. 主力商品

主力商品是指所完成销售量或销售金额在商店销售业绩中占举足轻重地位的商品。

商店主力商品的增加或减少，经营业绩的好坏直接影响商店经济效益的高低，决定着商店的命运。它的选择体现了商店在市场中的定位以及整个商店在人们心目中的定位。主力商品包括以下几类。

(1) 感觉的商品。在商品的设计上、格调上都要与商店形象相吻合并且要予以重视。

(2) 季节的商品。配合季节的需要，能够多销的商品。

(3) 选购性商品。与竞争者相比较，易被选择的商品。

2. 辅助商品

辅助商品是与主力商品具有相关性的商品，重点有以下几类。

(1) 价廉物美的商品。在商品的设计上、格调上可不需太重视，但对于顾客而言，却在价格上较为便宜，而且实用性高。

(2) 常备的商品。指对于季节性方面可能不太敏感，但不论在业态或业种上，必须与主力商品具有关联性、而且容易被顾客接受的商品。

(3) 日用品。即不需要特地到各处去挑选，而是随处可以买到的一般目的性的商品。

3. 附属品

附属品是辅助商品的一部分，对顾客而言，也是易于购买的目的性商品。其重点有以下几类。

(1) 易接受的商品。即展现在卖场中，只要顾客看到，就很容易接受而且立即想买的商品。

(2) 安定性商品。具有一定的实用性，但在设计、格调、流行性上无直接关系的商品，即使卖不出去也不会成为不良的滞销品。

(3) 常用的商品。是指日常所使用的商品，在顾客需要时可以立即购买的商品。

4. 刺激性商品

为了刺激顾客的购买欲望，可以针对上述三类商品群，选出重点商品，必要时挑出某些单品来，以主题系列的方式，在卖场显眼的地方大量地陈列出来，借以带动整体销售效果。其重点有以下几类。

（1）战略性商品。即配合战略需要，用来吸引顾客，在短期内以一定的目标数量来销售的商品。

（2）开发的商品。为了考虑今后的大量销售，商店积极地加以开发，并与厂商配合所选出的重点商品。

（3）特选的商品。利用陈列的表现加以特别组合，具有强诉求力且易于冲动购买的商品。

第2节　商品的位置配置

学习目标

➤了解商品配置的面积分配

➤掌握商品的位置配置

➤了解顾客购物顺序

知识要求

一、商品配置的面积分配

要根据不同的目标导向（卖场导向、赢利导向）决定哪些类型商品占有较大陈列面积。超市具体面积分配可参照表7—1。

表7—1　　超市面积分配比例

商品部门	面积比例（%）
水果蔬菜	10～15
肉食品	15～20
日配品	15
一般食品	10
糖果饼干	10
调味品与南北货	15
小百货与洗涤用品	15
其他用品	10

二、商品的位置配置

合理独到的商品位置布局能够吸引顾客购买，并能诱导他们增加购买量，提高客单价[①]。

（1）促销商品、挑选性不强的商品适合摆放在店铺的门口，每个季度推出的形象款摆放在门口可以起到提高进店率的效果。

（2）相关联商品（如西服和领带，外套与毛衣等）邻近摆放，可以促进连带销售。

（3）将冲动性购买的商品放在较显眼的位置以增加购买机会。

（4）将较贵重商品摆放在店铺的深处或特殊的货架上。

（5）将较便宜的商品、小商品、可以随意购买的商品摆放在收银台附近，使顾客在等待付款时随意购买。

位置配置是指卖场的不同位置该摆放什么商品，一般来说，大型商店各层货位的布局见表 7—2。

表 7—2　　大型连锁商店各层商品配置

层数	配置原则	经营商品类别
地下层	设置顾客购买次数较少的商品	家具、灯具、装潢材料、车辆、五金制品等
一层	宜布置购买频率高、选择商品时间相对短的商品	化妆品、针织品、内衣、灯具、羊毛衫等
二、三层	宜布置商品选择时间较长、价格稍高一些的商品	服装、鞋帽、纺织品、眼镜、钟表等
四、五层	运用综合配套陈列方法来布置多种专业性的柜台	床上用品、照相器材、家具、餐具等
六层以上	宜布置购买频率相对低、存放面积较大的商品	彩电、组合音响、电脑、运动器材等

三、顾客购物顺序

通常顾客到超级市场的购物顺序是这样的：

蔬菜水果—畜产水产类—冷冻食品类—调味品类—糖果饼干—饮料—速食品—面包牛奶—日用杂品。因此，超市商品位置的配置如图 7—1 所示。

① 客单价是指商场（或超市）每一个顾客平均购买商品的金额，也即平均交易金额。

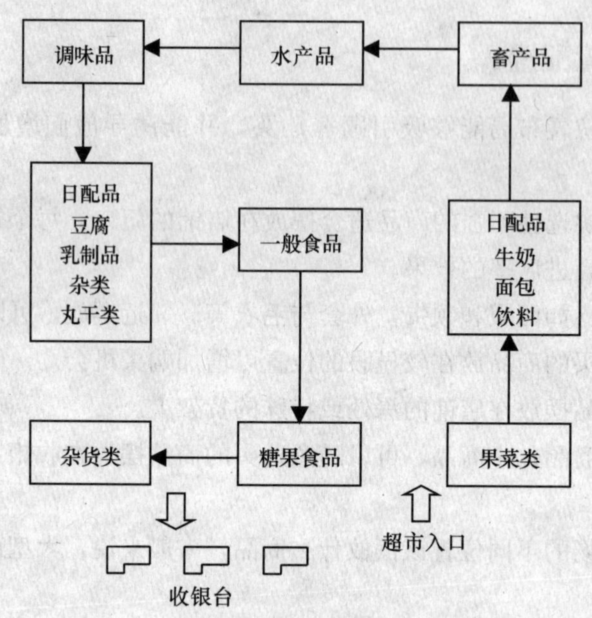

图 7—1　超级市场商品位置配置

第 3 节　商品的陈列要求

学习目标

- ➢掌握商品陈列的基本要求
- ➢掌握商品的陈列方法
- ➢掌握商品陈列的维护

知识要求

一、商品陈列的基本要求

1. 商品分类要明确

相同类别的商品陈列在一起，方便顾客一次性购买。

2. 充分利用有效陈列范围

顾客在自然站立时，伸手可及的范围，约从地板开始60厘米到180厘米的范围，这个空间就是有效陈列范围。因此，在此空间陈列重点商品。反之，60厘米以下、180厘米以上，是顾客难以接触的空间，大多进行非重点商品的陈列。

3. 要有合理的陈列位置

小规模商店，端架是最佳的陈列位置；大型超市，中央通道、通道前后端与临近冷柜的陈列架是最好的陈列位置。

4. 把互有影响的商品分开设置

例如，将异味商品、食品、需试音或试像的商品单独隔离成相对封闭的售货单元。

二、不同类商品的陈列要求

1. 流行性商品的陈列

流行性商品是指款式、造型、材质和色彩等方面时尚，被顾客所追随和认可的商品。流行性商品既有国际流行，又有区域流行。流行性商品又称时尚商品。

时尚商品遵循周期性的变化。与众不同的个人创造新的时尚，新的时尚周期又从此开始。选择销售时尚商品的商店必须了解时尚的周期，周期性地调整商品陈列方式。

2. 新上市商品的陈列

新上市商品主要包括刚刚推入市场的新产品及季节性、时令性商品。

对新上市的商品应采取对比式陈列法。对比式陈列是指在色彩、质感和款式上，或是在设计构图、灯光、装饰、道具、展柜、展台的运用上，采用对比式设计，形成展示物间的反差，达到主次分明、相互衬托的展示效果，从而实现突出新产品、独特产品、促销产品或专利产品等主要产品的目的。其特点是对比强烈、中心突出，视觉效果明显，使被陈列的商品大大加强了表现力和感染力。

3. 特色商品的陈列

特色商品是指具有突出风格或特点的商品。

特色商品陈列既要突出商品的“个性”特征，又要体现生产企业或营销企业的经营特色，增强商店招徕顾客的吸引力。

4. 试销商品的陈列

试销商品又称知觉新产品。

顾客对新产品的知觉越早、越全面，形成购买动机和购买行为的可能性越大。

三、商品陈列方法

1. 关联商品的陈列法

关联商品陈列是指把分类不同但有较强互补作用的商品或是按照目标顾客的购物习惯将商品组合陈列在一起，便于顾客相互比较，促进连带销售，使超市卖场整体的陈列活性化，同时也增加顾客购买商品的卖点数。如：牙膏和牙刷、面包及果酱、玩具区悬挂儿童食品等。

在陈列关联商品时应注意以下事项。

（1）陈列的商品必须是互补商品。运用关联陈列时，要打破商品种类间的区别，尽可能贴近百姓生活。如浴衣属于服装类，但可以与洗澡的用具和用品陈列在一起，因为这正是顾客的日常生活所需。

（2）要注意相关性商品应陈列在同一通道、同一方向、同一侧的不同货架上，而不应陈列在同一组双面货架的两侧。

（3）在运用商品的关联陈列的同时结合现代化的管理手段，将原本看似没有关联关系的商品陈列在一起，从而促进门店的日常销售。

（4）商品的关联关系有时还会因为地域的不同或者季节的不同而有所不同，所以，对于商品关联陈列的运用一定要恰当。

2. 分类陈列法

凡是在陈列台、展示柜、吊架、平台、橱柜陈列商品都属于分类陈列，在陈列时特别要注意显示商品的丰富感与特殊性。

分类陈列占了连锁商店卖场的最大比例，其主要目的是使商品陈列一目了然，方便顾客选择，不断促进商品销售。

3. 主题陈列法

在卖场上开展主题陈列，也称展示陈列，即在商品陈列时借助商店的展示橱窗或卖场内的特别展示区，运用各种艺术手法、宣传手段以及陈列器具，配备适当的且有效果的照明、色彩或声响，来突出某一重点商品。主题陈列的种类有大主题陈列、中主题陈列、小主题陈列。

（1）大主题陈列。多数展示在店面的橱窗、店内架台、柱子周围。

（2）中主题陈列。展示在陈列柜、壁面或推车上，能具体地了解在哪里有某某商品。此外，中主题陈列必须表现出店内的立体感以及顾客所期待的气氛，因此，应筹划商店中央的空间或壁面的利用方法，展现出商品的丰富感。

（3）小主题陈列。对大主题陈列感兴趣、受中主题陈列诱导的顾客，很容易了解自己所喜爱的商品的陈列场所，这就是“小标题陈列”的目的。因此，严格来说，小主题陈列必须按照各品目陈列，并运用 POP 广告。

4. 盘式陈列法

即把非透明包装商品（如整箱的饮料、啤酒、调味品等）的包装箱的上部切除（可用斜切方式），将包装箱的底部切下来作为商品陈列的托盘，以显示商品包装的促销效果。

5. 岛式陈列法

在超市的进口处，运用陈列柜、平台、货柜等陈列工具，展示陈列商品。这种陈列能强调季节感、时鲜和丰富感。岛式陈列应注意以下几点。

（1）陈列工具应与商品特征相配合。

（2）陈列工具一般适宜于放置在卖场的前部和中部，这样就能向顾客充分展示岛型陈列的商品，如果陈列在后部，往往会被货架挡住视线。

（3）陈列工具不宜太高，以免影响顾客的视线。

（4）陈列工具最好装有滑轮和搁板，以便根据需要而调整。

（5）陈列工具要牢固、安全。

6. 突出陈列法

即将商品放在篮子、车子、箱子、存物筐或突出延伸板（货架底部可自由抽动的隔板）内，陈列在相关商品的旁边销售，是超过提出的陈列线，面向通道突出的方法。突出陈列法应注意的事项如下。

（1）突出陈列的高度要适宜，既要能引起顾客的注意，又不能太高，以免影响货架上商品的销售效果。

（2）突出陈列不宜太少，以免影响顾客正常的路线。

（3）不宜在窄小的通道内做突出陈列，即使比较宽畅的通道，也不要配置占地面积较大的突出陈列商品，以免影响通道顺畅。

7. 黄金段位陈列法

目前普遍使用的陈列货架一般高 165～180 厘米，长 90～120 厘米，在这种货架上最佳的陈列段位不是上段，而是处于上段和中段之间的段位，这种段位称为陈列的黄金线。以高度为 165 厘米的货架为例，将商品的陈列段位进行划分：黄金陈列线的高度一般在 85～120 厘米，它是货架的第二、三层，是眼睛最容易看到、手最容易拿到商品的陈列位置，所以是最佳陈列位置。此位置一般用来陈列高利润商品、自有品牌商品、独家代理或经销的商品。

其他两段位的陈列中，最上层通常陈列需要推荐的商品；下层通常是销售周期进入衰退期的商品。

根据一项调查显示，商品在陈列中的位置进行上、中、下三个位置的调换，商品的销售额会发生如下变化：从下往上挪的销售额一律上涨，从上往下挪的一律下跌。当产品从最底层调到倒数第二层，销量可以直接提升 30%，当从第二层调到黄金段位，销量可以直接提升 60%。可见，商品陈列的高度对销量的影响非常大。最佳陈列高度如图 7—2 所示。

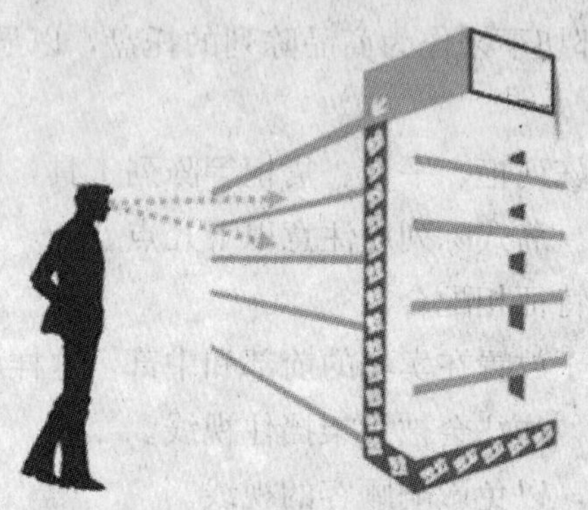

图 7—2　最佳陈列高度

畅销或推荐商品应陈列于视线平行高度约 1.6～1.8 米处（包括底座）。

8. 端头陈列法

端头即货架两端，这是销售力极强的位置。端头陈列可以是单一品项，也可以是组合品项，以后者效果为最佳。

端头组合陈列应注意：品项不宜太多，一般以 5 个为限；品项之间要有关联性，绝对不可将无关联的商品陈列在同一端架内；在几个组合品项中可选择一个品项以低廉价格出售，目的是带动其他品项的销售。

9. 量感陈列法

量感陈列一般是指商品陈列数量的多寡。目前这种观念正在逐渐发生变化，从只强调商品数量改变为注重陈列的技巧，从而使顾客在视觉上感到商品很多。譬如，所要陈列的商品是 50 件，那么通过量感陈列会让人觉得不止 50 件。所以，量感陈列一方面是指“实际很少”，另一方面则是指“看起来很多”。量感陈列一般适用于食品杂货，以亲切、丰满、价格低廉、易挑选等来吸引顾客。量感陈列的具体手法有店内吊篮、店内岛、壁面敞开、铺面、平台等，以及售货车及整箱大量陈列等。其中，整箱大量陈列是大中型超市常用的一种陈列手法，即在卖场辟出一个空间或拆除端架，将单一商品或 2～3 个品项的商品做量感陈列，一般在下列情况下使用：低价促销，季节性促销，节庆促销，新产品促销，媒体大力宣传，顾客大量购买等。

四、商品陈列的维护

商品陈列的优劣决定着顾客对超市的第一印象，使卖场的整体看上去整齐、美观是卖场陈列的基本思想，为此，需要对陈列道具进行控制。连锁超市各个门店应严格按照总部所要求的陈列规范与细则进行商品陈列维护。

1. 日常的排面维护

在日常的工作中，排面会因为诸多因素发生一些微小的变化，如暂时缺货、新品入场、商品淘汰等。一旦发现排面出现异常，应通过商品排面表格迅速地恢复原状。也可以在日常工作中，定时以商品排面表格进行日常的检查，确保商品排面的稳定性。

2. 季节性调整

根据季节、节日的变化，及时调整商品陈列。如冬季要相应扩大糖果、果仁、白酒的排面，压缩冰激凌、啤酒、饮料的排面，夏季则反之。在调整前先确认布局，再根据货架资源的情况，对所需陈列商品的排面数进行同比例放大、缩小取整。

3. 销售时段控制

密切注意商品的销售动态，把握好商品补货的时间或商品的促销时间。每周要更换显眼位置的货品陈列，给人以新鲜的感觉，如货品被顾客买走，要及时补充，不要出现空架现象。陈列货品要注意整洁，出现污渍要及时更换，服装起皱要整烫，同时也要注意卖场清洁。

第 4 节　橱窗陈列

学习目标

➢了解橱窗陈列的意义

➢熟悉橱窗陈列的主要形式

➢掌握橱窗商品的陈列要求

知识要求

一、橱窗陈列的意义

橱窗陈列是指利用营业场所临街一面的墙体和隔音板以及玻璃、精心设计的橱窗，以商品实物为主体，配合道具陈列、灯光照明、背景装饰，艺术地展示商品的陈列形式和方法。

橱窗反映了店铺的整体风格，是商店外观的一个不可或缺的组成部分。橱窗能直接或间接地反映商品质量可靠、价格合理等，可以增强顾客购买的信心，从而促使其作出购买决策。通过经营者精心挑选，并根据顾客的兴趣和节气变化，把畅销品或新品摆在橱窗显眼的位置上，能引起顾客的购买兴趣。

橱窗的主要表现方式是在商店的临街门面上设置玻璃橱窗，对所经销的商品进行科学的分类，有目的地选择，并经过巧妙的艺术构思将商品精心布置，以达到富有装饰性和整体美感的审美效果，借以宣传商品，促进销售。

橱窗也是城市景观的重要组成部分，更是一种“街头艺术”，是城市文化建设的成就、精神文明建设的缩影。

与其他广告相比，橱窗广告的主要特征是真实性，它以商品本身为主体，最直观地展示商品，传达给顾客的是真实可靠的商品形象。它能直接引起顾客的注意力，激发购买兴趣，促进购买欲望，起到宣传商品，招徕顾客，扩大销售以及美化商店的作用。

二、橱窗陈列的主要形式

商店规模大小不一，经营规格、品种不一，可根据商品的不同经营特性，建造不同形式的橱窗。橱窗陈列的主要形式有以下几种。

1. 按照陈列商品种类的多少划分

按照陈列商品种类的多少划分，可以分为单一橱窗、专业橱窗、联合橱窗和混合橱窗等。

2. 按照橱窗的构造差别划分

按照橱窗的构造差别划分，可分为封闭式橱窗、半封闭式橱窗、敞开式橱窗。

（1）封闭式橱窗。封闭式橱窗是商业展示最为常见的展示方法，就是将展品放在一个特别制作的独立空间里，这个空间与店铺内展示区以某种方式隔开，顾客观看橱窗时是看不到店内陈设的，这种形式的橱窗好比是一个展示的舞台，效果集中、突出。通过灯光背景、道具等的运用，可以充分表达特定的诉求主题，能营造出强烈的气氛，使整个橱窗展示成为一幅具有较高艺术品位的主题画。

（2）半封闭式橱窗。半封闭式橱窗是指橱窗背景并不是完全封闭的，透过橱窗背景还是或多或少能看到展区的。这种橱窗形式结合了封闭式和开放式橱窗的特点，既能较强地突出橱窗的表现效果，又能具有一定的通透感和开放感，是展会上常用的橱窗形式之一。值得一提的是，半封闭式橱窗背景、道具的设置颇为讲究，可以是浪漫的珠帘、梦幻的纱幔、华美的屏风，也可以是巨幅的品牌海报。不管背景如何设计，都要使其具有一定通透性，这种通透性的表现主要在于材质的选择和遮挡面积及方式的运用。

（3）敞开式橱窗。敞开式橱窗就是橱窗与店内陈设没有明显阻隔而连为一体，顾客可以透过橱窗透视内部商品的陈列，如此“一体成形”的空间美学更加符合现代人对空间透明感的要求。这种橱窗展示形式往往需要做一些软装饰做背景以强调出橱窗，或者用商品的围合形状来区分橱窗与主要展示区。例如，在商品的围合形状上采用对称性由中间低向两边递增的阶梯状，就可以把商品更加集中展现在中心部位，若选择造型独特的辅助道具就更能将展品作为重点而突出表现。

3. 按照陈列布置商品的方法不同划分

按照陈列布置商品的方法不同划分，可分为专题陈列橱窗、特写陈列橱窗、系统陈列橱窗和综合式橱窗。

（1）专题陈列橱窗。专题陈列橱窗是指将一些专用商品、同类型的商品，用一个橱窗进行单独陈列，突出表现，如妇女、儿童、体育、医疗卫生等专用商品。这类橱窗实质上是同类商品的综合展示，围绕一个主题进行，如“新婚用品展示”，商品多而复杂，但必须以青年男女新婚房间布置为目的，这样既主题突出，又富有生活情调。也有的专题式橱窗陈列是以一个广告专题为中心，围绕某一特定的事情，组织不同类型的商品进行陈列，向媒体大众传输一个诉求主题。如节日陈列、事件陈列等。

（2）特写陈列橱窗。这类橱窗主要是向顾客突出并较全面地推荐新产品。一般在新产品上市之前，顾客对商品尚未彻底了解，为了系统全面地加以介绍，有必要将其在一个橱窗中单独陈列出来。这种橱窗必须重点渲染、衬托，集中表现某一厂家的单一牌号的一种产品或某一牌号的系列产品，目的在于重点展示，树立形象。

（3）系统陈列橱窗。也称综合陈列橱窗，是指将几种类型不同但又相互联系的产品陈列在一个橱窗内。这种联系指的是这些产品在功能用途上有着密切的关联。如泳装系列，包括泳衣、伞、帽、太阳镜、救生圈等。这种陈列意在增强顾客的商品群体意识，便于扩大销售，方便顾客。

（4）综合式橱窗。综合式橱窗是将许多不相关的商品综合陈列在一个橱窗内，以组成一个完整的橱窗广告。但由于商品之间差异较大，店主在选用这种橱窗布置时一定要谨慎设计，否则，就会给消费者一种混乱、不利索的感觉。

三、橱窗商品的陈列要求

作为商品宣传媒介的橱窗，要能形象地反映本企业的经营范围和特点，要能够吸引顾客的购买兴趣，因此，进行橱窗布置要做到以下几点。

1. 要有较高的思想性和艺术性

不仅在陈列商品中真实具体地介绍商品，同时还要能引起顾客对商品需求的联想，吸引顾客进店参观选购，收到宣传效果。橱窗是展示商店经营者文化品位的一面镜子，是体现商业企业经营的一个窗口。顾客对它的第一印象决定着顾客对商店的态度，进而决定着顾客的进店率。

2. 要有高度的敏感性和时间性

零售企业面临复杂多变的消费市场，要保持对市场的敏感性，通过橱窗布置及时反映商品生产的新变化，向广大顾客推荐介绍新商品，还要按商品消费规律，提前组织应季商品的宣传，引导消费，提醒顾客购买。季节性商品应按目标市场的消费习惯陈列，相关商品要相互协调，并通过顺序、层次、形状、色彩、灯光等来表现一定的诉求主题，营造一种氛围，使整个陈列具有较高的艺术品位和欣赏价值。

3. 要有代表性和系列性

橱窗布置要突出本企业经营的主要商品和新商品，同时，商品要按顾客的使用习惯和商品的连带性关系依次分类陈列。橱窗布置的原则是：主题明确、布局得当、色彩调和、线条均匀、空白恰当、比例协调，将整个橱窗布置为一个有机的统一体。在布置橱窗时，对所陈列的商品要正确选择，一般情况下，消费额较大的商品应有较多的陈列机会，新商品、季节性商品和要大力推销的商品应做特殊陈列，将要脱销或已经脱销的商品不应陈列，已经销完的商品要及时从橱窗里撤出来。

4. 商品陈列要有丰满感

商品要有丰满感，这是商品陈列的基础，缺了丰满感顾客就会感到商品单薄，没有什么可买的。还要做到让顾客从远处、近处、正面、侧面都能看到商品的全貌。除根据橱窗面积注意色彩调和、高低疏密均匀外，橱窗布置应尽量少用商品作衬托、装潢或铺底，商品数量不宜过多也不宜过少。

第 8 章

商品销售

第 1 节 商品展示

学习目标

➢了解商品展示的定义与原则

➢掌握商品展示的功能要素

➢掌握常用的商品展示方法

知识要求

一、商品展示的定义与原则

随着商品供应的丰富，人们生活品质的提升，商品展示越来越受到商家的重视，商家促销商品的方法也更趋多样化。近年来各大商场都在提高商品展示环境的质量，布置极富艺术的商品陈列，以求达到提升商品销售的目的。在早期商品供不应求的时代，根本不必讲究商品展示上的创新，只要把商品摆得整齐、准备足够量就行了。如今商品供应量大增，顾客有挑选购物的机会，商家才专注展示商品的方法。而展示方法必须给顾客提供选择比较的机会，以达成建议与说服的目的，因此，商品展示设计的观念才有大幅度的改进。

1. 商品展示的定义

商品展示是对整体开放式空间内全系列产品的组合配置和统筹，巧妙呈现品牌产品形象的风格、功能、审美、魅力，潜移默化地激发顾客的认同，促进销售。

2. 商品展示的原则

（1）简洁明了和合理有序的原则。该原则要求注意系列产品的组合形象，提升顾客的感性认识，增加联想促进顾客购买动机。在专卖店、超市的墙面边柜，要增设产品的正面展示。但大部分正面展示并没有吸引顾客注意的其他系列的搭配。即使是做了搭配，也没有起到美化产品的作用，无法打动顾客，吸引顾客止步，没有起到促进销售的目的。因此，每一个正面的展示搭配都要以增强产品卖点为目的。

（2）化繁为简、突出重点的原则。在部分卖场气氛布置物过多，比如在货柜上或在精品柜里的橱窗里放置了大量的绢花等。实际上，营业场所中无论产品的系列搭配还是气氛布置道具，都应以简洁、少而精为主，重点突出陈列的商品，避免杂乱，甚至与所展示的产品风格不符。

二、商品展示的功能要素

1. 审美取向的要素

（1）焦点。每一展示面上，率先吸引注意力的视点即为焦点。焦点通常位于视平线中心或视平线正上方，色彩对比强烈的产品或灯箱往往被设定为焦点。它可吸引顾客的注意力，增强顾客对品牌与商品的印象。焦点俗称亮点，如果商店内缺少亮点，商品排列单一、没有生动感，便难以吸引顾客的注意。设定焦点的正确方法是：一般在商店的正面主墙面，有明显的品牌标识，以强调品牌的价值和地位。在主墙面的侧面，做一至两个色彩对比强烈的产品搭配，以引起顾客的注意。也有一些品牌形象专卖店在墙面展示柜中设置模特展示，便起到打破规律的单一平面陈列，吸引顾客视线，形成焦点的效果。

（2）序列效应。依次以季节、系列、主题、款式、色彩、尺码进行货品分类，并设定相关颜色和尺码序列，使顾客视觉明确、简洁。

2. 易操作

（1）容易取放：即各货柜单位合理地安置货品承载量。

（2）合理展示：单位标准货架出样货品的合理排列量。

（3）合理库存：专卖店/厅内必备库存量。

3. 比例

合理的比例设置有利于完善系列产品展示的整体形象，掌握销售节奏，突出主题和焦点，适度调整布局并把握销售量趋向，最大限度地开发应季品的销售潜力。根据季节的不同，以及不同系列产品销售状况不同，应及时调整商品的比例。甚至可以在不同货区适当进行重复展示，增加顾客接触货品的机会，提高成交比率，促进销售。

4. 顾客的行为心理及美学原理

商品展示必须符合顾客的行为心理学及美学原理。具体来说，应注意避免以下问题。

（1）产品无系列性陪衬，单款盲目零散销售，无主题且无感染力，未引发概念消费。

（2）场内货架布局设置外高内低，呈倒坡状。

（3）场内货架列陈庞大，排向单一，强迫流向，引至视觉压力并制约流量。

（4）无明确界定特价品和正价品展示区域单元，且无明显标志。

（5）照明形成光斑、眩目、高温或大范围暗角位。

（6）货架间距小于120厘米，造成挤迫感。

（7）连续大范围、大跨度单一陈列展示方式。

（8）展示容量失调，多则拥塞、少则稀疏。

三、商品展示方法

展示和演示商品是售货艺术的重要内容，也是商业促销的重要工作。在长期的商品销售中，商业企业通过实践不断总结提炼，形成了一套展示和演示商品的方法。展示和演示商品的方式方法有很多种，通过商品的展示，营业员可以向顾客展示商品的面貌，突出商品的款式、造型、花样、色彩等。对一些使用起来具有一定操作程序的商品或新产品，在顾客还不太了解的情况下，营业员可以通过演示商品来凸显商品的特性及操作的便捷性，促进顾客对这些商品的了解。总之，无论是展示还是演示商品，都是帮助顾客了解商品的性能，激发顾客购买欲望的促销手段。营业员应掌握好这方面的技能，把握好展示演示商品的尺度，通过规范的方式方法达到效果。

1. 敞开展示法

敞开展示法是一种将商品敞开展示，以展示商品全貌，引起顾客注意的方法。

敞开展示的要领是要让顾客在看到商品外观的同时，还要让顾客体验到商品内在的质量和特征。因此，在采取敞开展示法的时候，关键是要向顾客展示商品的全貌，使顾客能够全面了解所展示的商品，引起对商品的兴趣，激发其购买欲望。在展示商品的时候，营业员的动作要规范，方法要得当，手势要正确，幅度不易过大，语言要文明。总之，展示商品时不能太夸张，方式方法要让顾客能够接受。营业员规范、得当的商品展示不仅能够让顾客了解商品的全貌，知晓商品的特性和特点，而且能使顾客从营业员展示商品的过程中，得到美感的体验。

敞开展示的特点就是让顾客了解和知晓商品的全貌，有些商品由于在包装上采取了一定的措施，顾客一般不易看到和了解包装好的商品的全貌，因此，在展示时，营业员应该打开包装，充分地向顾客展示商品的造型、款式等方面的特点。在商业销售实践中，对床上用品、围巾、雨伞、箱包等商品多采用此种方法。

也有一些商品在展示的时候，为让顾客通过视觉刺激，产生联想，可以利用营业员自身条件辅以展示，将商品的造型、款式、色彩等展现出来。如在服装、面料、背包、眼镜、手表等商品的展示上，营业员可以通过运用自身比试的方式，形象生动地将商品的全貌展示出来，以使顾客产生好感。在采用这种展示方式时，营业员的身材和形象相当重要。

2. 器械展示法

器械展示法是通过器械或仪器、仪表等来显示商品性能的方法。有些商品单凭外观不足以显示其功能特性，往往需要借助一些专用的工具或设备对其特性进行比较直观的反映，这种借助专用工具或设备对商品的特性进行直观反映的展示方法，就是器械展示法。例如，在家电商品的展示上，较多通过通电插座等器械和设备等对一些不易从外表观察出特性的商品进行展示。又如，在展示钻石时，可运用天平等专用仪器让顾客直接感受钻石的质量。

器械展示方法的特点是让顾客通过精确、科学、可信度比较高的途径得到对商品的体验。因此，营业员要能够熟练地运用专用工具或仪器，通过这种方法，将特定商品的功能和质量尽可能全面地展示给顾客。

有些商品在展示过程中由于其功能特性的原因，不能单靠外观进行体验，这个时候要依靠营业员当场测试商品的功能和质量，这从广义上可以理解为器械展示法。营业员在测试的过程中要能够熟练地操作，将这些商品的特性和质量展现在顾客面前。如计算机、打印机、传真机、高级数码相机、摄录机、功放机、影碟机，以及 MP3 和 MP4 等一些电子产品。

3. 示范展示法

示范展示法在商品销售中经常采用，尤其是在新产品的推广阶段，这种展示的方法用得比较多。示范展示法是通过营业员的示范操作来展示商品性能和全貌的方法。这种展示方法重点是将商品的特性和特点展示给顾客，通过展示，让顾客真真切切地体验到使用这种商品后，将会大大地提高他们的生活质量，使他们的生活更为便捷。因此，这种展示方法要求营业员在展示操作中动作规范，切忌烦琐，以免让顾客感觉使用这种商品会带来很多麻烦。

从商业行业实践上看，一些结构比较复杂，需要掌握一定操作要领和操作程序的商品，可以运用示范展示的方法。如计算机、洗衣机、打印机等。营业员要充分了解示范展示商品的结构、特性，特别要了解这些商品的一些简单故障的排除方法，这不仅能够在展示过程中进一步向顾客做深入的示范，消除顾客的后顾之忧，而且能在顾客咨询时正确解答。

4. 表演展示法

表演展示法就是通过营业员利用商品来进行表演的方法，以达到展示商品性能、质量的目的。表演展示法运用在乐器商品销售上的比较多，这种展示法对营业员的修养有较高的要求，营业员要熟悉所销售相关乐器的构造、原理，要能够熟练地演奏这些乐器，会弹奏、会校音，要具有一定的乐理知识。如果营业员在演奏相关乐器时，能够和着乐曲放歌一曲，效果就会更好。

5. 试尝展示法

试尝展示法是指让顾客亲自品尝商品的味道，以体验口感的展示方法。这种方法也称为试味展示法。这种通过让顾客“亲口尝一尝梨子”来体验滋味的方法，是商业行业传统的销售展示方法。顾客的亲身体验，胜于广告和游说。这种方法适用于乳制品、饮料、烟、酒、糖、水果和土特产等能够直接食用的商品展示，其中，处于推广中的新产品用得更多。在运用试尝展示法时，营业员要注意食品卫生，尤其是盛放这些商品的容器要清洁卫生，以免给顾客带来负面的印象。

6. 局部展示法

局部展示法就是营业员通过展示商品的关键或核心部位来显示商品内在质量的一种方法。这种展示方法是由于某些商品的性能和质量取决于那些关键的或核心的部件，通过局部展示法以达到“窥一斑而见全豹”的功效。例如，手表的性能和质量主要取决于机芯，要展示手表的性能和质量，就可以采用局部展示法。一些商店与生产厂家联手，由生产厂家提供外壳透明的手表在商店里展示，还有的手表为证明其防水性能好，放在水池里展示，这些都是局部展示法的运用。还有像电风扇、空调器等，通过将电风扇的电动机常年通电转动，证明其性能卓越，将空调器的压缩机通电后常年运转以显示其性能优越。在运用局部展示法的时候，如果能够选择同种商品作为比较物则效果会更好。当然，在选择比较商品时，最好能够选择同一品牌低等级的商品进行比较，否则，可能会引起不必要的纠纷。

7. 拆装展示法

拆装展示法是指通过对商品进行拆卸和组装来展示商品质量的方法。这种方法比较多地运用在具有机械结构的商品、通过组合组装起来的商品，或者能够拆卸的商品的展示中。如自行车、助力车、电风扇、玩具、家具等。这种展示的目的是向顾客传递一个信息，那就是商品的机械结构或组合设计思路新颖、合理、科学，商品内在的质量相当高，质地好，拆装方便。营业员要熟悉自己所经销的商品的结构，能够在展示中熟练地拆卸。

第 2 节　商品宣传与介绍

➢掌握商品宣传的方法

➢掌握按特点介绍商品

➢掌握介绍商品的用途

知识要求

一、商品宣传的方法

1. 语言介绍

（1）讲故事。通过故事来介绍商品，是说服顾客的最好方法之一。一个精彩的故事能给顾客留下深刻的印象。故事可以是产品研发的细节、生产过程对产品质量关注的一件事，也可以是产品带给顾客的满意度。

（2）引用例证。用事实证实一个道理比用道理去论述一件事情更能吸引人，生动的例证更易说服顾客。可引为证据的有荣誉证书、质量认证证书、数据统计资料、专家评论、广告宣传情况、报刊报道、顾客来信等。

（3）用数字说话。应具体地计算出产品带给顾客的利益是多大、有多少。

（4）比喻。用顾客熟悉的东西与销售产品进行类比，来说明产品的优点。

（5）ABCD介绍法。A（Authority，权威性），利用权威机构对企业和产品的评价；B（Better，更好的质量），展示更好的质量；C（Convenience，便利性），使顾客认识到购买、使用和服务的便利性；D（Difference，差异性），大力宣传自身的特色优势。

2. 演示示范

营业员只用语言的方法介绍产品，面临两个问题：一是产品的许多特点无法用语言介绍清楚；二是顾客对营业员的介绍半信半疑。这时，营业员进行演示示范和使用推销工具就很重要。

所谓示范，就是通过某种方式将产品的性能、优点、特色展示出来，使顾客对产品有一个直观了解和切身感受。营业员可以结合产品的情况，通过刺激顾客的触觉、听觉、视觉、嗅觉、味觉来进行示范。一个设计巧妙的示范方法，能够创造出销售奇迹。

3. 销售工具

销售工具是指各种有助于介绍产品的资料、用具、器具，如报纸广告、广播广告、电视广告、杂志广告等。

4. POP广告

凡是在商业空间、购买场所、零售商店的周围、内部以及在商品陈设的地方所设置的广告物，都属于POP广告，利用POP广告强烈的色彩、美丽的图案、突出的造型、幽默的动作、准确而生动的广告语言，可以创造强烈的销售气氛，吸引消费者的视线，促成其购买冲动。POP广告曾经被称为“广告海报”的销售广告。

（1）POP广告的定义。POP广告是许多广告形式中的一种，它是英文point of purchase 的缩写，意为“购买点广告”，简称 POP 广告。POP 广告的概念有广义的和狭义的两种。广义的 POP 广告指凡是在商业空间、购买场所、零售商店的周围、内部以及在商品陈设的地方所设置的广告物，都属于 POP 广告。如商店的牌匾、店面的装潢和橱窗，店外悬挂的充气广告、条幅，商店内部的装饰、陈设、招贴广告、服务指示，店内发放的广告刊物，进行的广告表演，以及广播、录像、电子广告牌广告等。狭义的 POP 广告仅指在购买场所和零售店内部设置的展销专柜以及在商品周围悬挂、摆放与陈设的可以促进商品销售的广告媒体。

（2）POP 广告的分类。POP 广告的种类繁多，分类方法各异。如果从使用功能上分类，POP 广告大致可分为以下几类：悬挂式 POP 广告、商品的价目卡、展示卡式 POP 广告、与商品结合式 POP 广告、大型台架式 POP 广告。

二、商品介绍的要求与要点

1. 向顾客介绍商品的基本要求

实事求是、因人而异、态度诚恳，介绍商品要和展示商品结合起来。

2. 针对不同商品的特点进行介绍

（1）侧重介绍商品的成分、性能。对有特殊效能商品的介绍，应从其成分、结构讲起，再转到其效能上。例如，对某种塑料杯的介绍，要先讲其成分（结构）是以密胺和醛为主要原料，加入适量的纸浆纤维为辅助填料制成，因而其具有耐酸、耐碱的效能且无毒无味；经着色后，其外观和手感如同瓷器，但却比瓷器耐用且不易碎。食品、副食品、饮料、日用化工产品、化纤类、呢绒类纺织品等商品，宜从商品的成分、性能方面入手介绍。

（2）侧重介绍商品的造型、花色、式样。以造型、花色、式样取胜的商品，要侧重介绍商品的造型、花色、式样。工艺品、玻璃器皿、暖瓶、布匹、时装等商品，往往独树一帜，别具风格，在介绍这些商品时宜侧重介绍其风格特点、艺术价值。

（3）侧重介绍商品的质量特点。具有精密性、技术性的高档商品和一些耐用消费品，顾客对其质量都有一定要求，营业员要特别抓住构成商品质量的主要因素、商品质量的标准等方面进行介绍，让顾客更好地作出选购决定。

（4）侧重介绍名牌产品的特点。享有盛誉的名牌商品，要侧重介绍它的产地和信誉；地区性名牌也要积极介绍，着重介绍它的质量、产地、特点和信誉，从而吸引顾客慕名购买。

3. 侧重介绍商品的用途

顾客购买商品的目的就是为了使用，因此，营业员应抓住商品的用途，向顾客进行介绍。

(1) 对多种用途商品的介绍。有些商品具有多功能用途，营业员在介绍商品时，应突出介绍其多功能的方面。

(2) 对有特殊效能商品的介绍。有些商品具有特殊效能，营业员在介绍商品时，应突出介绍其特殊效能方面。

(3) 对连带商品的介绍。有些商品在用途上有相互关联性，如枕套与枕巾、枕芯，手电筒与电池等。营业员在成交某一方面的商品后，要随即向顾客推荐关联的商品。介绍时要注意措辞得当、委婉，依据顾客的言谈举止，有的放矢地诱导顾客，切忌强行推销商品。

(4) 对代用商品的介绍。顾客需要某一商品而本店暂时没货时，营业员要从顾客的实际需要出发，主动、热情地向顾客介绍可以代用的商品。在介绍代用商品时，要注意与原定商品在规格、型号、用途以及价格等方面相接近，切勿信口开河，介绍差异性很大的商品，以免引起顾客反感。

4. 新上市商品的介绍

(1) 新上市的商品。顾客对其不了解，需要营业员积极地向顾客推荐介绍。

(2) 全新商品。宜着重介绍该商品的优点、性能、用途及使用保养方法。

(3) 改进型商品。由于它是在老产品基础上改进的，故介绍时宜着重介绍改进的地方，同原来商品比较，有哪些进步，突出其优点。

(4) 未定型产品。一般是试销商品，介绍时宜同定型产品比较，介绍其内在质量、价格方面的差异，让顾客方便比较选择。

(5) 引进外国技术生产的产品。介绍时宜指明它与同类型国产产品比较的差异，让顾客了解其特点。

第 3 节　售货票据

学习目标

➢掌握销售小票的填写方法

➢了解发票开具的原则

➢掌握开具发票的规范要求

➢掌握发票内容的填写

➢熟悉禁止性开票行为

知识要求

商品销售结算主要是完成商品所有权的转移，因此需要填写相应的票据，常用票据有商品销售凭证、零售商品专用发票、增值税专用发票、转账支票等。这里主要介绍商品销售凭证和零售商品专用发票。

一、销售小票的填写

商品销售凭证又称销售小票，是商品交易成功后由营业员填写的一种售货凭证，具有交款、购货证明、盘点结账等作用，但不作为报销凭证，是企业内部使用的一种票据。因此，各个商业企业根据内部经营管理需要，确定销售小票格式，但总体内容比较简单。见表 8—1。

表 8—1　　××商场销售凭证

商品编号	品名	单位	数量	单价	金额
合计（大写）					¥

交顾客

收款员　　营业员

销售小票一般为一式三联，第一联为柜组留存，作为当日销售数量统计的依据，便于柜组对商品实施管理。还可以累计后与收款台核对销售额情况，并可作为查找差错的依据。第二联为顾客保存，可作为退换商品的凭据。第三联为收款台留存，作为结账、与柜组核对的依据，严格现金管理。

商品销售凭证的填写要求及方法如下。

（1）填写时要求按各栏目内容填写齐全，不得颠倒或漏填。

（2）字迹清楚、端正，数字（大写、小写）填写要规范、准确。

（3）时间要填写交易日期，经手人要签字。

（4）明确商品销售凭证各联的使用要求。

二、发票开具的原则

发票开具是否真实、完整、正确，直接关系到能否达到发票管理的预期目的。发票开具应遵循以下原则。

1. “都开”的原则

单位和个人凡是发生销售商品、提供服务以及从事其他经营活动，对外发生经营业务收取款项时，收款方均应向付款方开具发票。在特殊情况下，由付款方开具发票，如废旧物资收购、农副产品收购等。考虑到实际工作中的可操作性，上海市根据《中华人民共和国发票管理办法实施细则》规定，如果顾客索要发票，则不得拒开。

2. “都要”的原则

就是所有单位和从事生产、经营活动的个人在购买商品、接受服务以及从事其他经营活动支付款项时，应当向收款方取得发票。同时，对取得发票的一方提出禁止性规定：不得要求变更品名和金额。

三、开具发票的规范要求

发票要通过使用才能对经济业务活动发生作用，未经收款开具的发票是不会产生法律效力的凭证，是不会成为合法的财务收支凭证的。空白发票只有按照经济业务发生的真实内容，真实、合法、正确地开具，并加盖发票专用章，才能成为合法的收支凭证。一张开具无误的发票，不但能反映商品购销或劳务供受中财务收支的来龙去脉，而且便于税务部门进行监督管理和财会人员进行收支审核把关，防止违反财经纪律的行为发生。

1. 开具发票的时限

一些纳税人为了逃避缴税，利用人为地提前或推迟开具发票的时间来达到目的。因此，确定明确的开具时限十分必要。

《发票管理办法实施细则》第33条规定，开具发票的单位和个人必须在发生经营业务收入时开具发票。未发生经营业务一律不准开具发票。

（1）营业税的纳税义务发生时间，为纳税人收讫营业收入款项或者取得索取营业收入款项凭据的当天。

（2）纳税人生产的应税消费品，于销售时纳税。纳税人自产自用的应税消费品用于连续生产应税消费品的，不纳税；用于其他方面的，于移送使用时纳税。

2. 开具发票的具体规定

（1）必须保持开具发票的真实性。发票必须如实开具，未发生经营业务一律不准开具发票。开发票时必须做到内容真实，全部联次一次开具，内容完全。

（2）必须保持开具发票的完整性。发票版面上的所有栏目是为一定的税收和财务核对而设置的，如果随意省略不填，一方面，不能满足一定的税收计征（如从量计征资源税、消费税）需要；另一方面，也容易产生漏洞，为不法分子违法犯罪提供方便。

（3）保持开具发票的真实性、完整性。如按号码顺序填开、填写项目齐全，字迹清楚，全份一次复写、打印，并且加盖单位财务专用章或发票专用章等。

3. 发票各项目的填写规范

（1）购货单位的填写规范。购货单位的填写要写全称，不要写简称，更不要不写购货单位。

（2）日期的填写规范。发票的日期是记载购销业务实际发生的时间，必须准确。必须在销售行为发生的当天开出，不得提前或错后。

（3）货物名称或服务项目的填写规范。货物名称或服务项目的填写要准确，是什么商品就写什么商品，提供的什么劳务就写什么劳务，决不可按大类笼统地填写。

（4）规格、单位、数量、单价的填写规范。规格、单位、数量、单价四项内容是反映所销商品和服务项目具体面貌的，必须齐全地填写清楚，不得遗漏。只有这些项目填写清楚，才能便于票货核对入库，款项付出清楚，才有利于加强财务审查和税务机关进行税务监督。

（5）大小写金额的填写规范。大小写金额数目要符合规范，正确填写。大写金额不得乱造简化字。大写金额数字到元或角为止的，在“元”或“角”字之后应写“整”或“正”字；大写金额数字有分的，分字后面不写“整”字。大写金额数字前未印有人民币字样的，应加填“人民币”三字，“人民币”三字与金额数字之间不得留有空白。阿拉伯数字应字迹清晰、不得连笔写。阿拉伯金额数字前面应写人民币符号“¥”。人民币符号“¥”与阿拉伯金额数字之间不得留有空白。用阿拉伯数字前写有人民币符号“¥”的，数字后不再写“元”字。所有以元为单位的阿拉伯数字，一律填写到角分，无角分的，角位和分位可写“00”，或符号“—”，有角无分的分位应写“0”，不得用符号“—”代替。开具发票时，必须大小写金额填齐，不得只填小写金额不填大写金额。

（6）“开票人”的填写规范。必须认真填写开票人姓名或盖私章，不能不填或只填姓或名，或只填工号，这是分清责任的重要一环。

（7）开票的字迹，要书写清楚，容易辨认。汉字要写得端正，切忌潦草，不得使用未经国家公布的简化字。

（8）发票要由商店填开。发票要由商店的经手人填开，不要让顾客自行填写，更不能不顾成交事实按顾客的非法要求填写，不得买小开大，给对方经济“实惠”，借此手段拉生意。

(9) 开具发票时必须加盖商店发票专用章或财务专用章。不论开具何种发票，都必须加盖发票专用章或财务专用章，开具发票不是以公民个人的名义进行的一般民事行为，而是以单位或个人的名义进行的产生一定法律后果的较特殊的民事行为，必须加盖发票专用章或财务专用章，才具有法律效力。根据《关于在上海市统一使用发票专用章的有关规定的通知》(沪国税征［1997］60号) 规定，上海市从1997年7月1日起各纳税户在开具的发票上（包括专用发票和普通发票）一律使用椭圆形、带税号的发票专用章，不能使用财务专用章。但外省市开具的发票仍可使用其他形状的发票专用章或财务专用章，上海各纳税户单位不得借口拒收发票，各税务征收机关也不得拒绝抵扣。

(10) 不重复开具发票。取得发票联的一方如丢失发票联，可向开具发票方申请出具曾于××××年××月××日开具××发票，说明购货单位名称、购货或服务的单位数量、单价、规格、大小写、发票字轨号码等的书面证明，一律不重复开具发票。

四、发票填写的内容与要求

1. 出票日期的填写

(1) 票据的出票日期必须使用中文大写。

(2) 在填写月、日时，月为1、2和10的，日为1～9和10、20、30的，应在其前加“零”。

(3) 日为11～19的，应在其前加“壹”。如1月15日，应写成“零壹月壹拾伍日”。再如10月20日，应写成“零壹拾月零贰拾日”。

(4) 11月要写成壹拾壹月，12月要写成壹拾贰月。

2. 中文大写数字的填写

(1) 中文大写金额数字应用正楷或行书填写，如壹、贰、叁、肆、伍、陆、柒、捌、玖、拾、佰、仟、万、亿、元、角、分、零、整（正）等字样。不得用一、二（两）、三、四、五、六、七、八、九、十、廿、毛、另（或0）填写，不得自造简化字。如果金额数字书写中使用繁体字，如貳、陸、億、萬、圓的，也应受理。

(2) 整（正）的填写。金额数字到“元”为止的，在“元”之后，应写“整”（或“正”）字；在“角”之后，可以不写“整”（或“正”）字；大写金额数字有“分”的，“分”后面不写“整”（或“正”）字。

(3) 中文大写金额数字前应标明“人民币”字样，并应紧接“人民币”字样填写，不得留有空白。大写金额数字前未印“人民币”字样的，应加填“人民币”三字。在票据和结算凭证大写金额栏内不得预印固定的“仟、佰、拾、万、元、角、分”字样。

(4) 关于“0”（零）的填写。阿拉伯数字小写金额数字中有“0”时，中文大写应按照汉语语言规律、金额数字构成和防止涂改的要求进行书写。阿拉伯数字中间有“0”时，中文大写要写“零”字，如￥409.50，应写成“人民币肆佰零玖元伍角”。阿拉伯数字中间连续有几个“0”时，中文大写金额中间可以只写一个“零”字，如￥6 007.14，应写成“人民币陆仟零柒元壹角肆分”。阿拉伯金额数字万位和元位是“0”或者数字中间连续有几个“0”，万位、元位也是“0”，但千位、角位不是“0”时，中文大写金额中可以只写一个“零”字，也可以不写“零”字。如￥1 680.32，应写成“人民币壹仟陆佰捌拾元零叁角贰分”，或者写成“人民币壹仟陆佰捌拾元叁角贰分”。又如￥107 000.53，应写成“人民币壹拾万柒仟元零伍角叁分”，或者写成“人民币壹拾万零柒仟元伍角叁分”。阿拉伯金额数字角位是“0”而分位不是“0”时，中文大写金额“元”后面应写“零”字。如￥409.02，应写成“人民币肆佰零玖元零贰分”。

3. 阿拉伯数字金额的填写

阿拉伯数字金额前面，均应填写人民币符号“￥”，但要认真填写，不得连写以免分辨不清。

票据出票日期使用小写数字填写的，银行不予受理。大写日期未按要求规范填写的，银行可予受理，但由此造成损失的，由出票人自行承担。

五、禁止性开票行为

任何单位和个人不得转借、转让、代开发票；未经税务机关批准，不得拆本使用发票，不得自行扩大专业发票的使用范围。发票限于领购单位和个人在本省、自治区、直辖市内开具。任何单位和个人未经批准，不得跨规定地使用区域携带、邮寄、运输空白发票。禁止携带、邮寄、运输空白发票出入境。禁止倒买倒卖发票、发票防伪专用品。省、自治区、直辖市税务机关可以规定跨市、县开具发票的办法。在实际工作中，上述管理办法具体化为“十不准”。

1. 不准“大头小尾”

所谓“大头小尾”，是指票据填开人将复写发票分联分别填写，发票或付款报销联开大金额，而存根、记账联开小金额。这是当前一些不法分子为隐瞒收入，达到偷税、贪污公款目的而使用的一种惯用手法。

2. 不准转借代开

所谓转借代开，是指填开票据的单位或个人之间相互转借票据或者超越工作职责范围，徇私情违章替他人开具票据。这种行为严重影响发票管理秩序，极易造成漏洞。

3. 不准“卖甲开乙”

所谓“卖甲开乙”，是指票据填开人迎合顾客的要求，故意将甲写成乙，帮助他人弄虚作假。这种行为的目的是为了使取得发票的单位和个人报销国家不允许开支的款项，或者购私物以公款报销。前者是严重违反财经纪律的行为，后者是贪污行为。

4. 不准涂改套用

所谓涂改套用，是指用票单位或个人以各种名义套取票据后，涂改刮擦原来内容，重新书写。目的是改变票据的本来内容，再次使用，以逃避检查和纳税。

5. 不准拆本使用

所谓拆本使用，是指用票单位和个人将整本票据拆开，零星使用。这样极易造成票据丢失，不易管理。

6. 不准使用化学药品冲洗重用

所谓化学药品冲洗重用，是指用票单位和个人取得票据以后，以非法手段将原填写内容使用化学药品冲洗掉，重新使用。

7. 不准买卖票据

所谓买卖票据，是指单位或个人之间，以不合法的手段买卖合法票据，目的是非法使用，取得私利。

8. 不准使用无效票据

无效票据有以下几种：因发票管理规定变动或其他原因，经税务机关明令停止使用而作废的；由于书写错误或其他原因作废的；未经税务机关批准而擅自印刷的；应套印而未套印税务机关监制章的等。

9. 不准盗用票据

所谓盗用票据，是指以窃取手段取得票据后非法填用。

10. 不准以收据、白纸条代替发票使用

以收据、白纸条代替发票使用，其目的是偷逃税收，应引起高度注意。

第 4 节　商品拿放

➢掌握商品拿放原则

➢掌握商品拿放基本要求

➢掌握几种主要商品的拿放要求

➤准确提拿商品

知识要求

商品的拿放是商业经营中重要的柜台服务技能，营业员在这方面的技能和素质水平，对商品的销售有着重要的影响。

拿放商品是营业员通过对顾客的观察、分析、判断、揣摩，根据顾客所表现出的购物欲望和顾客的体形、肤色、头形、手形、脚形等各方面的特点，将适合顾客要求的商品拿放给顾客挑选、购买的服务过程。拿放商品的技能完全依靠营业员长期实践经验的积累和训练而成，是一种“硬功夫”。

一、商品拿放的原则

营业员在拿放商品时一般应遵循以下原则。

1. 动作敏捷到位

即营业员通过仔细观察、分析、判断、揣摩顾客的实际需要后，快速地为顾客拿出商品，动作不拖泥带水，大致符合要求。

2. 手势规范准确

即营业员在拿放商品时，手势要规范，根据商品的实际外形，采用得当的方式方法，该拿的拿，该托的托，该提的提。拿放商品时手指不能跷起，不能将手指对着顾客。

3. 轻拿轻放商品

营业员在拿放商品时要注意轻拿轻放，这既体现了对商品的爱护，也是尊重顾客的表现。在拿放商品时，营业员一方面要动作敏捷到位，另一方面要拿好、拿稳商品。在拿着商品移动脚步时要注意防滑。

4. 展示商品全貌特点

营业员在拿放商品的时候，通过一系列的手势变换，来展示商品的全貌和特点，让顾客真切地体验到商品的与众不同之处，激发顾客的购买欲望和热情。

二、商品拿放的基本要求

拿放商品的基本要求为：十拿九稳、规范准确。

1. 十拿九稳

十拿九稳就是营业员拿放的商品要基本符合顾客的实际需要 90%以上。营业员在接待顾客时，每次拿放商品的成功率要达到 90%以上。

2. 规范准确

规范准确是指营业员拿放商品要根据商品的特性和特点采用规范的方式方法。要做到动作准确、展示准确、语言准确、礼貌待客。

营业员还要保持顾客买与不买一个样的心态。在商业经营实践中，有些营业员为顾客准确地拿放商品，忙了好一阵子，结果顾客还是没有购买，于是非常不乐意，将不满的情绪流露出来，引发纠纷或投诉。营业员在经营中应注意调节自己在这方面的心态和控制好自己的情绪。

三、几种主要商品的拿放要求

1. 体积大、分量重的商品

对于体积大、分量重的商品一般要求营业员用双手搬，在搬出商品之前，应将通道清理干净，扫除障碍。搬运时要踏稳脚步，防止滑倒。体积过于大、分量过重的商品，应请柜组其他营业员帮忙搬出，轻柔、稳妥地放在展示处。商品的正面要朝向顾客，便于顾客挑选。

体积大、分量重的商品一般都有外包装，营业员从外包装中取出商品时要防止因手滑而造成商品跌落，也要防止包装带绊脚。一些涂有保护油的商品，在拿放时既要防止滑落，又要防止弄脏顾客的服装。

2. 五金工具拿放要求

五金工具一般都是由各种金属制造的，大都涂有防锈油。在拿放这类商品时，一定要轻拿轻放，在递交给顾客的时候，不能扔、投；在展示这类商品时应由营业员将商品的整体面对顾客，并提醒顾客，不要弄脏衣服；在顾客挑选这类商品后，应给顾客提供纸或棉纱擦掉手上的油污。有条件的应让顾客洗手。

3. 贵重商品

贵重商品是指那些体积不大、价值比较高的商品。如珠宝、首饰、工艺品等。这类商品由于外形比较小巧，在拿放时采用托的方法比较能够衬托出商品的秀美、玲珑。这类商品在拿放与展示中，要特别小心，不要掉落。

4. 易碎商品

在拿放易碎商品时，营业员要特别注意这些商品是经不起碰撞的，要轻捧、轻拿、轻放。一般来讲，这些商品的体积比较小，分量比较轻，因此，在拿放中同时采用拿和托的方法比较多。营业员在拿放易碎商品时，决不能掉以轻心，要按照拿放商品的原则拿放好这类商品。玻璃器皿、陶瓷、工艺品、眼镜等均属此类。营业员拿放这类商品供顾客挑选时，应用恰当的语言善意地提醒顾客。

5. **技术性较强的商品**

技术性较强的商品在拿放时，除体积大、分量重的要搬出外，一般要求用双手捧出；体积小的商品要求托在左手掌心，右手辅助。这些商品因技术含量比较高，拿放时同样要轻拿轻放，并将正面朝向顾客。同时，营业员要向顾客介绍商品的功能、特性、特点，通过演示商品，让顾客进一步对商品形成感性认识和第一印象。当顾客确定要购买时，营业员还应向顾客介绍商品使用的基本方法，并将使用说明书、保修卡等交给顾客或提醒顾客这些材料在包装中所存放的位置，请顾客妥善保管。这些商品主要包括小家电、摄影摄像器材等商品。

6. **一般其他商品**

一般其他商品在拿放中，营业员要遵循商品拿放的原则，通过规范准确的手势，稳妥地将商品拿放在顾客的面前，并采用恰当的展示方式和方法，将这些商品的全貌和特点、特性恰如其分地展示给顾客。

总之，拿放商品是一种售货艺术，营业员在拿放商品时要让顾客体验到美的享受。钻研商品知识、刻苦训练、大胆实践是营业员提高拿放技能的重要途径。

四、准确提拿商品

准确提拿商品实际上离不开目测技能，如服装类商品，包括看头拿帽、看脚拿鞋、看体拿衣等。

1. **看头拿帽**

营业员在顾客选择帽子之前，必须注意观察顾客的头形及其大小，一般头形可分为尖顶、平顶、前额大、后脑勺大和圆头等。营业员要根据顾客的头形及其大小，迅速拿出顾客需要的帽子。

看头拿帽时，营业员要有一定的生活积累，了解人头部生长的规律，人头部的生长要经过三个阶段，即幼儿阶段、少年阶段和成人阶段。在每个生长阶段，人的头部发育是不一样的，因此其大小也有明显的区别。在幼儿阶段，人的头围大小一般在 40～52 厘米；在少年阶段，人的头进一步发育，头围长到 53～56 厘米；在成人阶段，人的总体发育已经完成，一个正常成人的头围大小应该在 56～60 厘米。营业员有了这些生活积累，在看头拿帽时，根据顾客的生长阶段，首先可以定出一个大致的拿帽大小范围，然后，营业员要依据平时的训练和实践经验，结合顾客的实际头形，在先期大致确定的拿帽大小范围内作出一个精确的选择。

有经验的营业员在看头拿帽时，不是机械地操作，而是从实际出发，在正式拿帽时会适当调整先期所确定的大致拿帽大小。例如，对后脑勺比较大或前庭突出的顾客，营业员会适当地放出一定的余量，往往就是由于这些余量的作用，使得顾客戴上帽子感到尺寸大小刚好。又如，尖顶的头形在拿帽时要适当比原先确定的范围小一些。

2. 看脚拿鞋

营业员在看脚拿鞋时，首先要在头脑中有一个大致参照的模特，然后用顾客的实际情况与模特进行比对，在此基础上形成一个初步的鞋码大小范围。鞋码大小范围确定后，营业员还要根据顾客的具体特征适当调整鞋的最后尺码。

（1）看体形。高而胖的人，其脚板也比较肥大；身材瘦小的人，则其脚板也瘦小。营业员在此基础上，在给顾客拿鞋时要重点给脚板肥胖的顾客适当放 1～2 码，而对脚板瘦小的顾客要缩减 1 码。营业员在给顾客拿鞋时还要注意，一型的鞋瘦窄，不适合脚板肥胖的顾客穿，因此，在拿鞋时不要给脚板肥胖的顾客拿出这种型号的鞋，以免造成尴尬。

（2）看手形。实际上，人的脚形与手形也是密切相关的，一般手形瘦长的人脚形也会瘦长；手形粗短的，其脚形也比较粗短。营业员在观察顾客的手形后，可依据这些规律与初步确定的鞋的尺码进行比对，适当作出放大、缩小的选择，最终拿出适合顾客穿的鞋子。

（3）看脚形。看脚形比较直接，但脚套在鞋里面，营业员也只能看个大概。如果顾客所穿的鞋绷得很紧，说明顾客的脚形比较阔，在比对时要考虑放码；如果顾客的脚面高，而且鞋面已经起了皱，说明顾客的脚比较瘦，在比对选择鞋码时要适当缩码。

当然，在为顾客拿鞋时，营业员还要根据顾客的年龄、性别等方面的情况，选择不同面料和款式的鞋。不过，顾客在购买鞋子的过程中，一般会明确提出所要购买的鞋的面料和款式，因此在这里就不再详细介绍。

3. 看体拿衣

我国的成衣服装以号与型来体现大小和长短。号反映的是人的身高，以厘米为单位；型反映的是人体的净胸围和净腰围。营业员必须对服装的号型知识有所了解。另外，营业员在给顾客提拿服装时，要对顾客的高度、胖瘦，甚至胸围、腰围有一个大致的了解。有了对顾客这些信息的大致了解，营业员在为顾客提拿服装时就有了参考的依据。就我国目前人群的高度来看，绝大多数还是处于中等偏上水平。

有了上述这些参考信息以后，营业员在给顾客提拿服装时，首先观察顾客的体形和特征。人的体形可分为正常体形和非正常体形。正常体形一般只要对准号型就能拿准服装。非正常体形包括挺胸体形、驼背体形、凸肚体形、挺胸凸臀体形等。在给这些顾客提拿服装时，营业员要充分考虑这些体形的因素，该放的要放，该缩的就缩。

为顾客提拿服装，关键是要在号型上一拿就准，一般关于服装的款式、色彩等，顾客在现场都会提出一些要求。当然，营业员如果能够在这方面有所研究，适时给顾客提出合理建议就更好了。

第 5 节 商品包装

学习目标

➤掌握商品包装的概念

➤掌握商品包装的类别

知识要求

一、商品包装的概念

商品包装是指在流通过程中保护商品，方便运输，促进销售，按一定的技术方法而采用的容器、材料及辅助物等的总体名称。也指为了上述目的而在采用容器、材料和辅助物的过程中施加一定技术方法的操作活动。包装商品的目的是使商品牢固、美观、便于携带。

二、商品包装的类别

商品包装种类繁多，常见的商品包装的分类如下。

1. 按商业经营习惯分类

(1) 内销包装。内销包装是为适应在国内销售的商品所采用的包装，具有简单、经济、实用的特点。

(2) 出口包装。出口包装是为了适应商品在国外的销售，针对商品的国际长途运输所采用的包装，在保护性、装饰性、竞争性、适应性上要求更高。

(3) 特殊包装。特殊包装是为工艺品、美术品、文物、精密贵重仪器、军需品等所采用的包装，一般成本较高。

2. 按流通领域中的环节分类

(1) 小包装。小包装是直接接触商品，与商品同时装配出厂，构成商品组成部分的包装。商品的小包装上多有图案或文字标识，具有保护商品、方便销售、指导消费的作用。

(2) 中包装。中包装是商品的内层包装，通称为商品销售包装，多为具有一定形状的容器等。它具有防止商品受外力挤压、撞击而发生损坏或受外界环境影响而发生受潮、发霉、腐蚀等变质变化的作用。

(3) 外包装。外包装是商品最外部的包装，又称运输包装。多是若干个商品集中的包装。商品的外包装上都有明显的标记。外包装具有保护商品在流通中安全的作用。

3. 按包装形状和材料分类

以包装材料为分类标志，商品包装可分为纸类、塑料类、玻璃类、金属类、木材类、复合材料类、陶瓷类、纺织品类、其他材料类等包装。

4. 按包装技术方法分类

以包装的技术方法为分类标志，商品包装可分为贴体、透明、托盘、开窗、收缩、提袋、易开、喷雾、蒸煮、真空、充气、防潮、防锈、防霉、防虫、无菌、防震、遮光、礼品、集合包装等。

5. 按适用性分类

(1) 专用包装。专用包装是根据包装物特点进行专门的设计、制造，只适用于某种专用的包装。

(2) 通用包装。通用包装是根据标准系列尺寸设计的包装，主要应用于包装各种标准尺寸的产品。

第 6 节　商品装袋

学习目标

➢掌握商品装袋的原则

➢掌握商品装袋的技巧

➢掌握限塑令中与商业销售有关的主要内容

知识要求

一、商品装袋原则

自 2008 年 6 月 1 日起，我国正式实施“限塑令”，在全国范围内实行塑料购物袋有偿使用制度，所有超市、商场、集贸市场等零售场所一律不得免费提供塑料购物袋。目前大多数的消费者会自带购物袋，从某种意义上讲减少了收银员的部分装袋工作，但在某些情况下，收银员仍然要完成装袋任务。规范装袋作业，不仅可以更好地服务于顾客，还可以从这一环节加强门店的防损工作。

商品装袋原则如下。

(1) 向顾客推荐选择适合尺寸的购物袋。

(2) 正确区分商品类别，不同性质的商品必须分开入袋。

二、商品装袋技巧

(1) 入袋程序。重、硬物置袋底，正方形或长方形的商品放进袋子的两侧，作为支架的瓶装及罐装的商品放在中间，易碎品或较轻的商品置于上方。

(2) 冷藏（冻）品、豆类制品、乳制品等容易出水的食品，肉、鱼等容易渗漏流汁液的商品或是味道较为强烈的食品，应先用其他购物袋装好后再放入大的购物袋内。

(3) 确定附有盖子的物品都已盖紧。

(4) 确定零售企业的销售传单及赠品已放入顾客的购物袋中。

(5) 提醒顾客带走所有包装好的购物袋，避免遗忘在收银台。

三、限塑令

国家实行“限塑令”是为了限制和减少塑料袋的使用，遏制“白色污染”。

塑料购物袋是日常生活中的易耗品，中国每年都要消耗大量的塑料购物袋。塑料购物袋在为消费者提供便利的同时，由于过量使用及回收处理不到位等原因，也造成了严重的能源、资源浪费和环境污染。特别是超薄塑料购物袋容易破损，大多被随意丢弃，成为“白色污染”的主要来源。目前越来越多的国家和地区已经限制塑料购物袋的生产、销售、使用。为落实科学发展观，建设资源节约型社会和环境友好型社会，从源头上采取有力措施，督促企业生产耐用、易于回收的塑料购物袋，引导、鼓励消费者合理使用塑料购物袋，促进资源综合利用，保护生态环境，进一步推进节能减排工作，国务院办公厅于2007年12月31日发布了《关于限制生产销售使用塑料购物袋的通知》（国办发［2007］72号），该通知被称为“限塑令”。“限塑令”与营业销售有关的规定主要有以下几个方面。

1. 禁止生产、销售、使用超薄塑料购物袋

从2008年6月1日起，在全国范围内禁止生产、销售、使用厚度小于0.025毫米的塑料购物袋（以下简称超薄塑料购物袋）。发展改革委员会要抓紧修订《产业结构调整指导目录》，将超薄塑料购物袋列入淘汰类产品目录。质检总局要加快修订塑料购物袋国家标准，制定醒目的合格塑料购物袋产品标志，研究推广塑料购物袋快速简易检测方法，督促企业严格按国家标准组织生产，保证塑料购物袋的质量。

2. 实行塑料购物袋有偿使用制度

超市、商场、集贸市场等商品零售场所是使用塑料购物袋最集中的场所，以往大多免费提供塑料购物袋。为引导群众合理使用、节约使用塑料购物袋，自 2008 年 6 月 1 日起，在所有超市、商场、集贸市场等商品零售场所实行塑料购物袋有偿使用制度，一律不得免费提供塑料购物袋。商品零售场所必须对塑料购物袋明码标价，并在商品价外收取塑料购物袋价款，不得无偿提供或将塑料购物袋价款隐含在商品总价内合并收取。商务部会同发展改革委员会制定商品零售场所塑料购物袋有偿使用的具体管理办法，并切实抓好贯彻落实，逐步形成有偿使用塑料购物袋的市场环境。

3. 加强对限产限售限用塑料购物袋的监督检查

质检部门要建立塑料购物袋生产企业产品质量监督机制。对违规继续生产超薄塑料购物袋的，或不按规定加贴（印）合格塑料购物袋产品标志的，以及存在其他违法违规行为的，要依照《中华人民共和国产品质量法》等法律法规，相应给予责令停止生产、没收违法生产的产品、没收违法所得、罚款等处罚。要完善质量监管措施，加大执法力度，严格执行曝光、召回、整改、处罚等制度。

工商部门要加强对超市、商场、集贸市场等商品零售场所销售、使用塑料购物袋的监督检查，对违规继续销售、使用超薄塑料购物袋等行为，要依照《中华人民共和国产品质量法》等法律法规予以查处。商品零售场所开办单位要加强对市场内销售和使用塑料购物袋的管理，督促商户销售、使用合格塑料购物袋。塑料购物袋销售企业要建立购销台账制度，防止不合格塑料购物袋流入市场。

旅客列车、客船、客车、飞机、车站、机场及旅游景区等不得向旅客、游客提供超薄塑料购物袋（包装袋），铁道、交通、民航、旅游等主管部门要切实履行监督检查职责。

第 9 章

常用设备的使用与安全防范

第 1 节　安全标识

学习目标

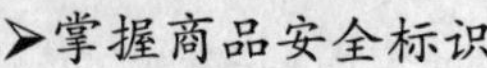

➢掌握商品标识内容

➢掌握商品安全标识

知识要求

一、商品标识内容

商品标识是指用于识别商品或其特征、特性所做的各种表述和指示的统称。商品名称、产地、生产厂名、厂址、产品标准编号、保存期、保质期、生产日期、警示说明、警示标志，以及用途、用法、含量、主要成分等，均属于商品标识。商品标识是商品验收和辨识商品的重要依据。一般商品标识的构成如下。

（1）标志上应有中文标明的产品名称、厂名和厂址。

（2）应根据产品的特点和使用要求，标明产品规格等级、所含主要成分的名称和含量。

（3）标明产品质量检验情况（即合格证）。

（4）必要时，应有警示标志或中文警示说明。

（5）限期使用的商品要标注生产日期或失效期。

（6）质量标准采用规范标注方法，商品注明所采用的标准代号编号和名称，应采用我国现行标准等级。标准共分为 4 级，即国家标准（GB）、行业标准（HB）、地方标准（DB）和企业标准（QB）。

二、商品安全标识

店铺在经营时要注意商品的安全标识，相关的商品标识有以下几种。

1. 食品标识

除具备一般商品标识的构成外，包装食品应特别标明生产日期、保质期或保存期，有的标注为在某一日期之前食用，以及保存期内的保存条件要求。对不同食品在同时食用可能存在相互化解或引起不适的情况，应进行中文警示说明。进口食品在国内市场销售，必须有中文标识。

QS 是食品质量安全的英文缩写，食品经过国家强制性检验，合格加贴 QS 标识，它代表着该产品经过了国家的批准，消费者可以放心地购买食用。

我国于 2009 年 10 月 22 日起实施《食品标识管理规定》，违反该规定的行为将受到处罚。经营包装食品的，需要对食品包装标识进行查验核对。经营农产品及其他散装食品，经营者必须查验其有效检验检疫证。我国还对出口食品包装的标识作出了全面实行 100% 加贴检验检疫标识的规定。

2. 玩具标识

玩具标识必须在显著位置标注安全警示内容，必要时应配有中文警示说明。目前，不少国家和地区对玩具标识安全警示都作了不同的规定，如“CE 安全合格标识”。CE 标识是在欧洲国家中强制执行的一种安全合格标识。CE 标识的“安全”范畴包含四个方面的内容，即对使用者（人）、宠物（家畜家禽）、财产（物业）及环境（自然环境）的安全。拥有此标识的玩具才可以在欧洲国家进行销售。

1988 年，英国玩具及嗜好用品协会（British Toy & Hobby Association，BTHA）设立了狮子标识，所有标有该标识的产品都必须符合英国安全质量标准和该协会本身的规定。与 CE 标识不同的是，狮子标识是一个面向消费者的关于玩具安全与品质的标识，而 CE 标识则不是专门面向消费者而设立的。

除此之外，还有禁止幼童接触、玩耍的玩具，欧盟的年龄限制标识表示禁止 3 岁以下的幼童接触该玩具。

3. 服装标识

纺织品服装标识大多通过缝合标签、粘贴标签和挂吊标签来表示，包括商品的商标、商品的成分及用途、商品的使用说明、商品的产地来源、商品的价格标签、商品的装饰性标识以及条形码等。

近年来，在纺织品服装的标识上出现了一些功能性表示，如 Oko—Tex 标准 100 标识、Eco—label 标识、Milieukeur 标识、WhiteSwan 标识等，还出现了一些洗后尺寸变化率、色牢度等的标识。

在国内销售的服装，除应采用中文标识外，在标识的内容上应该将该品牌服装的原生产国标注清楚。

4. 家电标识

根据 2005 年 3 月 1 日起正式实施的《能源效率标志管理办法》，家电商品应有能效标识。能效标识为蓝白背景，顶部标有“中国能效标识”（CHINA ENERGY LABEL）字样，背部有黏性胶，要求粘贴在产品的正面面板上。标识的结构可分为背景信息栏、能源效率等级展示栏和产品相关指标展示栏。作为一种信息标识，能效标识直观地明示了产品的能源效率等级、能源消耗指标以及其他比较重要的性能指标，而能源效率等级是判断产品是否节能的最重要指标。产品的能源效率等级越低，表示能源效率越高。目前，我国的能效标志分为 1、2、3、4、5 共五个等级。数字越小，能源效率越高。

除此之外，还有节能标识（只有经过中国标准中心节能认证的产品才允许使用，节能的标准以国家二级能效标准为衡量依据。家电机身上带有蓝色的“节”字，表明该产品已经通过了认证）、绿色环保标识（中国环境标识认证委员会的认证）、3C 认证（国家对强制性产品认证使用的统一标识，称为“中国强制认证”）、抗菌标识（抗菌标识分为通用标识和专用标识。通用标识由 CIAA 统一印制。专用标识由获证企业自行制作，用于已经认定的特定产品上。通用标识一般用在抗菌制成品上，专用标识一般用于抗菌原材料上）。

5. 保健品标识

中国保健品信誉保证标识管理办公室所颁发的“中国保健品信誉保证标识”，可用于识别信誉保证产品或信誉保证销售单位。根据规定，该标识必须是中国保健品信誉保证企业管理委员会的会员单位才具有申请使用的资格。该标识为年度使用周期，在使用到期前的 30 天，使用单位必须办理年检和延续使用手续，逾期的将取消使用的资格。

6. 化妆品标识

化妆品标识除必须标明所含成分，保管、保存条件，保质期等外，还必须符合国家有关法律法规所规定的情形，如有效批号、卫生合格证、产品质量合格证等。

第 2 节　设备使用规范

学习目标

➢了解空调的使用规范
➢了解封口机、打价机的使用规范
➢了解水产设备的使用与保养规范
➢了解冷、热柜的使用与养护规范
➢掌握扫描仪的使用规范
➢掌握电子防盗设备的使用规范

➢了解冷库的操作规范

➢了解熟食（面包）设备的使用与保养规范

➢了解肉类加工设备的使用与保养规范

➢了解蔬果设备的保养规范

➢了解日配品陈列设备的保养规范

知识要求

一、空调使用规范

1. 空调操作要点

（1）温度调节。一般来说，人们的生活及工作环境与外界的温差不宜过大，保持在5～8℃对人体健康有益。在夏天，室内需要制冷降温，但如果降温过于剧烈，则由室外进入室内时要受到冷冲击，而由室内走到室外则要受到热冲击，这就会使人体感到不适。所以，店铺内的室温夏季应保持在27～28℃，冬季宜保持在18～20℃较为适宜。

（2）湿度调节。空气过于潮湿或过于干燥都会使人感到不舒服。一般来说，相对湿度冬季在40%～50%、夏季在50%～60%较为适宜。空调在制冷运行中伴随着去湿过程，因此，在降低室温的同时也降低了室内相对湿度，以创造一个舒适的购物环境。

（3）气流速度调节。人处于低速流动的空气中比处于静止的空气中更觉得凉爽，处于变速流动的气流中则会比处在恒速的气流中更觉得舒适。一般来说，室内以0.1～0.2米/秒的低速气流对人体最为适宜。

（4）空气洁净度调节。空气中一般都有处于悬浮状态的固体颗粒或液体微粒。它们很容易随人的呼吸进入气管、肺等人体器官，并黏附其上。这些微粒往往带有大量细菌，易传播各类疾病。在封闭性能较好的室内或特定场所，由于人的活动、呼吸及工作，往往会使室内的空气混浊、品质恶化。据有关资料介绍，门窗紧闭的10平方米房间，3人在室内看书，3小时后二氧化碳含量增加3倍，细菌量增加2倍，灰尘数增加9倍。连锁店的人流密度比家庭要大得多，因此，用空调对空气进行滤清显得十分必要。空调是依靠内部设置的新风门来补充新鲜空气的。有的空调还装有负离子发生器，来达到进一步改善室内空气品质的目的。与此同时，在空调机内进风口处均装配有滤尘网，滤尘网的功能是去掉室内空气中的灰尘，以保持室内空气的洁净。

2. 空调使用条件

（1）电源。我国对空调的工作电源规定为单相交流额定电压220伏，三相交流额定电压380伏。电源的工作电压允许波动10%，电源的额定频率为50赫兹。

（2）环境温度。不同类型的空调对使用的环境温度有不同的规定。空调正常工作的环境温度有以下规定。

1）电热型。电热型空调制冷时允许的最高环境温度为43℃；制热时的最低环境温度不作规定。电热型空调的发热量由它所配置的电加热器的功率所决定，一般制热量略小于制冷量。若制热量过大，则电加热器功率也大，必然导致工作电流也大，要求的相应工作线路、元器件及电源设备容量也大，在日常运行中往往会带来一些麻烦，相应费用也增大。由于电热型空调制热量要略小于制冷量，因此，如果它的使用环境温度过低，则制热效果就不理想了。

2）热泵型。热泵型空调的使用环境温度为－5～43℃；制冷时允许的最低环境温度为－5℃。其中，不带化霜器的热泵空调器允许的温度为5～43℃；热泵辅助电热型空调与热泵型空调器相同。

3）风冷型。风冷型空调使用的冷凝器都为自然风冷结构，因此，它的最高使用环境温度规定不得超过43℃。当环境温度过高时，因冷却冷凝器的风温太高，会导致冷凝温度过高，引起冷凝压力过大，压缩机会超负荷运行，最终使压缩机的过载保护器运作，切断压缩机电源，使空调停止制冷。夏季一般空调温度达到25～29℃即可满足，而外界气温低于21℃就不必设定为21℃。若因特殊需要要求在21℃以下，则应该另选其他制冷用空调。所以，风冷型空调设定温度的下限为环境温度。

二、封口机、打价机使用规范

1. 封口机使用规范

封口机主要用于压封商品塑料包装袋，其使用规范如下。

（1）每次压封时间应控制在10秒钟以内，严禁超时。

（2）压封强度不宜过大，且应等塑料袋冷却后方可取出。

（3）严禁空压机器。

（4）应经常用干抹布擦拭机身，保持接口处电热丝洁净。清洁时必须切断电源。

2. 打价机使用规范

打价机用于商品价格标贴的打印、粘贴，具体使用规范如下。

（1）按照打价机说明书中的装纸要求将打价纸装入机内。合上打价机底盖时，严禁用力过大。

（2）核对实物和标价签无误后，按照标价签上的编码和价格调出相应的数字，并核对打出的价格、编码是否正确。

（3）调校数字时，轻轻拉动数字调节器尾端，将指示箭头对准所调数字的位置后。再转动数字调节旋钮，调出所需数字。当箭头在两数字中间位置时，严禁转动调节旋钮。

(4) 使用打价机时不能用力过大，应将机身出纸部位轻触商品，严禁敲击商品。

(5) 打价机使用完毕后应放在指定位置，严禁随手放在商品、货架或地上。

(6) 当打出的字迹不清晰时，必须给油墨头加墨，加墨量为一次 2～3 滴。

(7) 严禁用手向外拉打价纸底带。

三、水产设备的使用与保养规范

1. 制冰机

制冰机的使用维护应注意以下事项。

(1) 盐水比例及盐水泵流量。盐水依 30 升/600 克比例，将食盐注入盐水桶进行冲调，再将盐水泵前盖拆下，将刻度盘调整至 100%，然后开机，松开盐水泵放气钮，将抽水管中空气排出直至上水管流出盐水，然后关机，将刻度盘回调至初始刻度，盐水泵调整完毕。

(2) 开机程序。开电源，按“启动”按钮，开头冰片在 1 分钟后连续掉下。制冰机的压机停止后，刮冰马达继续延时 3 分钟后才停止。主要是防止压机余冰将刮刀冻住。在冰满后，压机会自动停机。

(3) 电源和水源应该独立，不可接其他设备。每日营业完后用抹布清洁制冰机外表的污渍，并注意盐水箱的水位是否够用，做好保养记录登记。

2. 水族箱

水族箱的使用维护应注意以下事项。

(1) 卫生保洁方面。安排专人负责水族箱的维护工作；每日至少清理三次露出水面部分的玻璃；每日早上必须清洗过滤棉一次（营业前完成）；及时捞出水族箱中的死鱼，防止连锁污染；定期换水（视水的清洁度而定）；定期对水族箱进行除苔、除污（一个月至少一次）；定期更换过滤物（如活性炭、珊瑚石、过滤棉等）；注意过滤池中的水位（以不浮起过滤棉为宜）。

(2) 维护方面。严禁用硬物直接碰撞水族箱；严禁用水冲洗气泵、恒温器及电源接头；严禁在水族箱中洗手或清洗其他物品；密切了解人工海水的盐浓度及温度；定期对水泵、气泵、恒温器进行检查；严禁非专业人员私自拆卸水族箱的各种相关设备；发现异常状况，及时关断电源后上报相关部门处理。

3. 包装机、电子秤

包装机、电子秤的使用维护应注意随时清理残留在机器上的残渣，每日营业完后用抹布清洁一遍，晚班员工离店后切记要关掉电源。

4. 冷藏（冻）库（柜）

每月至少进行一次大清洁（最好安排在盘点日），包括墙壁、顶部、置物架等，平时注意记录除霜时间及次数，发现异常，及时汇报给相关部门。

四、冷、热柜使用与养护规范

1. 食品陈列柜

（1）食品陈列柜的操作人员。由操作人员负责操作食品陈列柜的电源开、关，但严禁调节温度；柜组使用人员禁止开、关食品陈列柜的电源。

（2）食品陈列柜的用途及使用标准。主要包括以下几个方面。

1）食品陈列柜用于下列商品的冷冻、保鲜及保温：蔬菜、水果、奶制品、鱼肉类、冰激凌、蛋糕、卤制食品等。

2）熟食柜的操作按照有关部门制定的“生鲜熟食部热柜运行管理办法”执行。

3）商品上柜前须将陈列柜内外清理干净，与操作人员配合，每周对陈列柜进行全面清理。

4）上货时不能将货箱压在陈列柜边沿上，严禁在柜边上敲打冰冻商品，严禁往来车辆碰撞食品陈列柜。

5）向食品陈列柜内放置商品时应轻取轻放，柜内存放的商品不能超过柜内存货标示高度；摆放商品时，不能堆积、堵塞通风口，确保柜内冷气对流。

6）柜组人员应每隔 2 小时检查一次柜内温度，并在登记卡上做好记录。如果发现柜内温度异常，应立即通知专业操作人员。

7）营业结束后，立式冷冻、冷藏陈列柜须拉下幕帘，卧式冷冻、冷藏陈列柜须加盖保温盖，并关闭照明电源。

2. 货架与货柜

连锁商店的陈列器具既是陈列商品的实用道具，又是显示连锁企业整体营销活动的舞台。目前，连锁商店最基本的陈列器具是柜台和货架，其他形式的器具也多是由此发展而来的，或由于各连锁企业具体业态模式的不同而有所差异。

（1）柜台。柜台通常分为普通柜台和异形柜台两大类。普通柜台为了方便陈列商品，一般其长为 1.2～1.3 米；宽为 70～90 厘米，高为 90～100 厘米。连锁企业不管选用何种尺寸的柜台，关键是要保持其各个连锁门店内的柜台形式统一。通用柜台的制作成本较低，互换性好，实用、方便，但是，用于布置商品陈列时，总使人感到单调、呆板以及缺少变化，因此，现在各种异形柜台普遍出现在很多连锁百货商店、专营店内。这些变形的柜台是根据商店的实际情况和营业场所的形状而设计的，主要包括三角形、梯形、半圆形以及多边形柜台等。布置陈列商品时利用异形柜台组合，不但可以合理利用营业场所面积，而且可以改变普通柜台呆板、单调的形象，并增添门店卖场活泼的线条变化，使连锁企业门店的营业现场表现出曲线的韵律。目前，制作柜台的材料主要是新型的铝合金材料。在陈列商品中，为了方便，柜台里面通常用玻璃隔成 2～3 个支架，使得陈列的商品更多，使顾客能更直观地看到商品。采用异形柜台时，必须严格设计，计算好尺寸，按要求定做，必要时还要考虑到几类柜台的互换性。

（2）货架。一般货架的高度为 180～190 厘米，宽度为 40～70 厘米，深度为 40～50 厘米。而现代连锁企业的货架形式越来越多，不管选用何种尺寸的货架，各连锁门店应保持基本统一。货架的基本尺寸除了与人体尺度和人体活动尺度密切相关外，同时还需要考虑到人的正常视觉范围和视觉规律。人的正常视觉有效高度范围为从地面向上 30～230 厘米，通常地面以上 60～164 厘米为商品的重点陈列空间，160～200 厘米为商品的展示陈列空间。对隔绝式售货的柜台来说，其对应的货架上面有 3～4 层，下面大多设几个拉门，可以储藏很多商品或一些必要的包装材料等物品，为现场售货提供便利。对于敞开式售货的商店来说，顾客识别和选取商品的有效范围为地面以上 60～200 厘米，一般顾客选取商品频率最高的范围为地面以上 90～150 厘米，从高度来看，60 厘米以下是难以吸引顾客注视的一部分，因而有的连锁商店将其作商品库存用。制作货架的材料较多，可以是木制的、铝合金材料制作的、钢制结构的等，一般连锁企业可根据陈列商品的类型选用不同材料的货架。如用于陈列衣袜和床上用品的货架一般选用木制货架，上下或左右的隔板可选用塑料或玻璃材料，以体现这类商品的价值感和量感。表 9—1 是开放式陈列柜维护与保养的内容。

表 9—1　　开放式陈列柜的维护与保养

间隔	对象	位置	清扫检查的内容	重点
每天发现污渍及时清扫	开放式陈列柜	外装板	水渍、污渍的拂拭； 注意地板蜡附着物； 锈的点检、清除； 胶带痕的清除	以清水拂拭，或用中性洗剂擦拭（但易留下黄渍，应擦拭干净）； 不能使用酸性或腐蚀性溶剂； 含盐商品周围更要注意擦拭
		货架	水渍、污渍的拂拭； 商品屑、脏物的清除	清扫每一个角落，如价签条等
		陈列辅助工具	水渍、污渍的拂拭； 篮子、网架、垫子、搁板等的清扫	不仅货架表面，其反面也要认真清洗
1 次/周	开放式陈列柜	全体货架	水渍、污渍的总体检查清扫	

续表

间隔	对象	位置	清扫检查的内容	重点
1次/月	开放式陈列柜	放射镜	水渍、污渍、灰尘的拂拭（中性洗剂）； 干擦	
		照明	污渍、灰尘的清扫； 水渍、水分的拂拭	
		下水口	清除滞留在下水过滤器的污物； 清洗下水口	
	机组	风冷冷凝器防尘网	冷凝器防尘网的清扫、洗净	利用水管的水压洗净
1次/3月	开放式陈列柜	出风口风幕条	堵孔、污渍的清扫； 使用水管进行清洗	取出风幕条认真清洗； 勿用吸尘器清洁，以免发生堵孔危险
1次/6月	开放式陈列柜	吸入口开口	商品屑、脏物的清除； 污渍、灰尘的拂拭（中性洗剂）	内外层风幕都要取下，重点清洗平时不注意的地方
		冷却风扇	商品屑、脏物的清除； 使用水管进行清洗； 排水口堵塞物的排除	勿用吸尘器清洁，以免发生堵孔危险
		底部加热板排水口	冷却风扇附着物的清除	将风扇箱翻开即可见底部加热板； 若有水难以冲去的污物，则用工具除去； 注意排水口的恶臭现象
	机组	风冷冷凝器	使用扫帚清除灰尘	夏天前应进行一次清洗； 若为水冷冷凝器每三个月检查一次，水塔、冷却水过滤器变脏时与厂家联系

五、扫描仪使用规范

扫描仪是店铺收银台最常用的设备之一，也是工程技术人员平时工作的重点，必须了解并掌握其使用方法，以便指导收银员正确操作。

1. 手持扫描仪

（1）开机前，先检查一下设备连接端子是否插在正确位置。

（2）如果有异常现象，须及时与电脑部人员联系。

（3）接通电源后，扫描仪绿色指示灯亮，同时听到“嘟”的一声响，即表示扫描仪处于待机状态。

（4）使用时应注意商品条形码是否有断码、变色、模糊等现象。

（5）商品出现扫描时，手握扫描仪手柄，将扫描窗对准商品条形码，商品条形码与扫描仪之间的距离不超过 30 厘米。

（6）当扫描仪发出“嘟”的一声响，表示商品条形码已被识别输入。

（7）待机时，需小心置放于托架上，当收银台关闭时，也需切断手持扫描仪的电源。

（8）平常要保持扫描仪表面清洁，轻拿轻放，严禁摔碰。

2. 台式扫描仪

（1）保证台式扫描仪的位置摆放正确。

（2）接通电源后，绿色指示灯亮，内置电动机高速旋转，听到连续的“嘟嘟”声，并产生垂直向上、纵横交错的激光网，表示扫描仪正常工作。

（3）扫描商品条形码时，应注意条形码是否有断码、变色、模糊等现象；若商品条形码正常，应将商品条形码朝下，顺箭头方向扫入，听到“嘟”的一声响，表示条形码信息已被正确扫描。

（4）扫描仪待机时，应用盖板遮住扫描窗口。

（5）如果出现扫描仪面板上红灯亮、扫商品时听不见“嘟”的一声响或扫条形码后无商品资料显示等现象时，应立即通知计算机部门人员检查。

（6）平常注意避光避灰尘，保持扫描窗口表面的清洁。

（7）非工作时间须切断电源。

六、电子防盗设备使用规范

（1）防盗门应保持连续通电工作，严禁随意断电。特殊原因断电后必须间隔五分钟后再开启。

（2）防盗门周围 0.5 米不能有金属物品或装有防盗标签的商品。

（3）在粘贴时要尽量保证软标签的平整，禁止折叠。

（4）金属商品或带有铝铂纸的商品不能使用软标签。

（5）对于一部分为金属、一部分为其他材料的，把软标签贴在其他材料上面。

（6）营业前收银员应检查消磁板的电源是否插好，硬标签放在上面发出响声是否正常。

（7）营业前门店行政人员要检查防盗门的电源是否插好，软标签通过时是否能正常报警。

（8）收银员收银时，首先用扫描器阅读商品条形码，确认商品信息进入计算机后，再把商品放在消磁板上。高度不超过 10 厘米的商品直接放在消磁板上即可消磁，高度超过 10 厘米的商品则将商品放在消磁板反转商品，以确保商品已经消磁。

七、冷库操作规范

1. 冷库分类

冷库分为低温冷库、中温冷库和高温冷库。低温冷库库内温度为−20～10℃；中温冷库库内温度为−10～2℃；高温冷库库内温度为−2～12℃。

2. 操作人员

冷库的电源开关由指定人员负责操作，但严禁调节冷库温度；柜组使用人员禁止开关冷库电源。

3. 操作人员注意事项

（1）操作人员平时应及时清理冷库内的冰、霜和积水，每周对冷库进行一次全面清理，在清理时，低温、中温冷库只能用干拖把和干抹布清理。

（2）严禁在冷库板和地面上进行敲打钻孔，严禁运货平板车碰撞冷库库板。

（3）往吊架上挂肉时要轻拿轻放，进出冷库要及时关门以免冷气外漏。

（4）应每小时检查一次温度，并在登记卡上做好记录。

（5）操作人员每天对冷库和冷库内肉类加工设备及其周边的环境进行清洗和消毒。

（6）存入冷库的商品应包装好，避免异味。

（7）食品进入冷库之前，必须进行严格的质量检查，变质的食品不能入库，以免感染其他食品。

（8）食品冷藏时，应根据不同的种类和不同的储存温度分别存放，禁止将不同种类和温度要求不同的商品混合存放，以免产生串味。

（9）营业结束后须将冷库的照明灯电源关闭，库门锁紧。

八、熟食（面包）设备的使用与保养规范

1. 烤鸡炉的维护与保养

烤鸡炉的维护与保养主要有以下几个方面：电源安装时应安装自动跳闸开关，如果发生短路或者其他故障时电源会自动切断，避免火灾事故，使用前先打开电源，再调整温度，正常温度为 150℃左右，使用完后关掉电源，把温控器调整为零度。烤鸡炉做清洁前务必关掉电源，以免触电。清洁完成后，需把水珠擦干。烤鸡炉里面每天至少做一次彻底

大清洁，必须用沸水冲洗或者洗洁剂清洗。外表面每天至少做三次清洁，保持干净、美观。烤鸡炉应安置在通风干燥处。

2. 炸炉的维护与保养

(1) 操作方法。使用时应保持油锅内的油面高度大于 1/4 油锅深度，最高油面高度不能大于 2/3 油锅深度。打开电源开关，红色灯亮，按顺时针方向旋转温度调控器，对准所需要的红点位置，此时黄色灯亮，红色灯熄，电热管在工作，锅内油开始升温，当油温升至所需的温度时，温控器能自动切断电源，同时黄色灯息，红色灯亮。油温下降超过设定的温度，电热管又开始工作，使油温上升。如此反复循环，保证油温在设定的温度范围内波动。炸炉使用完毕后，应加盖，保持油锅内清洁，注意盖上不能有水，以免水珠滴入锅中，热油飞溅伤人。炸炉另附有专用炸篮，小的食品用炸篮，大的食品可以直接放入油锅炸制，当炸制完后，提起炸篮挂于梁上可以滤去余油。炸锅用完后，按逆时针方向旋转温控器至关的位置，切断电源，确保安全。需要清倒锅内油时，待油温降低到常温后进行，先把炸篮及护板取出，切断电源，把锅内的电热管竖起，再把控制箱向后翻转或者把控制箱取出，放于干燥清洁的地方便可进行油锅的清理。油锅内的护板是保护电热管设定的，炸制过程中护板必须放在油锅内，不要捞起。炸炉应使用色拉油或植物油，严禁使用旧油（废油）。炸炉设有两个温度开关，一个安装在电气箱上部，用来设定油炸温度（可调）；一个设在电气箱内部，设定温度为 230℃（固定）。当油炸温度超过 230℃时能自动切断电源，起到超温保护效果。

(2) 注意事项及保养清洁。炸炉应放在平稳的地方，左右侧离不燃物 10 厘米以上，背面应离不燃物（如石墙）20 厘米以上。须安装的电源开关有熔断器及漏电保护器，开关间内不许堆放杂物，方便操作。电热炸炉的地线与符合安全性能的地线连接。使用完毕后，应关闭电源。在清洁保养时，应切断电源，以防止意外事故发生。每天工作完毕后，须用不含腐蚀性清洁剂的湿毛巾清洁炸炉体表面及电源引出线外表面，严禁用水直接冲洗电气箱表面，以免破坏电气性能。每天必须清洗一次，把油倒出清洗，清洗完毕后把水珠擦干。

3. 电蒸炉的维护与保养

(1) 使用方法与注意事项。使用前必须检查电器线路，外壳是否有效接地，接线是否牢固，使用前将机器安放平整，接上输入蒸汽管道，将饭盘、馒头盘等放进箱内。放入部分清水，送电（或蒸汽）经 30 分钟能达到良好消毒作用，然后放入大米、馒头及菜类。用电加热产生蒸汽时，必须将水箱加满水，拧上手栓，不必过紧，切勿缺水送电，以防烧坏电器。直接用蒸汽加热时，需将蒸煮食品放入箱内关上门，拧上手栓，不必过紧。慢慢打开阀门放入蒸汽，并注意压力表指针，一般放到表上 0.04～0.06 兆帕，不得超过 0.1

兆帕，蒸饭时的蒸汽压力应保持在 0.06 兆帕。经过 35 分钟，此时箱内饭已熟，将阀门关闭后再闷 5～10 分钟效果更佳。蒸炉体外壳不宜接近酸碱等腐蚀物，以防腐蚀氧化。

（2）清洁与保养方面。应注意电蒸炉应安置在避风不腐蚀处，电蒸炉金属表面不损无污，表面保持光亮，以防日久氧化，不得堆放杂物。使用完毕后应清洗蒸炉，并定期擦洗电热元件表面（一般一周两次），但不得用过硬的金属铲刮表面。及时更换水箱用水。

4. 消毒柜的维护与保养

使用前先清洗干净（包括里、外），每日须保持外表面卫生清洁，应定期核查是否正常运作，每日须做保养记录。

5. 电子秤的保养

使用前先看说明书中的注意事项，了解其性能，按正确的操作方法使用，做清洁保养时，请注意防止水进入内部，避免发生故障。电子秤的磁头，定期抹擦润滑油保养。电子秤称重时，不要超出其限称量范围。电子秤每天清洁一次，使用时，报废的价格标签不得贴于电子秤上。

6. 包装机的保养

每天须清洁 1 次，保持包装机干净清洁。包装机的电热板上不得放任何杂物，包装时按正确的方法操作，以免烫伤。不使用时关掉电源，包装机移动时须轻拿轻放。

7. 冷藏库的维护与保养

库内有冷风通道，冷风机前后左右都要保持一定的空隙，存放物品时不要碰到下水管路，进出冷藏库要随手关门，以减少冷气跑掉，导致温度不正常。正常温度为－1.15～0℃，取完物品时要及时把灯关上，同时门也关上。入库的物品不能含有过多水分。保持库内的温度，应定期记录冷藏库的温度是否正常。冷藏库应定期清除、清扫、消毒，每天清扫一次，每半个月彻底清理一次，保持干净、无异味。

8. 熟食展示柜的保养

摆放展品应当有一定的空隙，以利于冷风循环，陈列的商品不可超出负荷，以免影响冷藏质量，温度一般为－4～0℃，展示柜回风口处不要堆放食品。展示柜内部每个月清扫一次；清扫前应先切断电源，并取出柜内物品；用蘸有中性洗涤剂的软布擦拭搁架和风口，并用湿布擦净；然后清扫展示柜底层搁板上的垃圾，应拉起搁板用湿布清扫底部垃圾，清扫时注意不要把水沾到风扇电动机上，同时注意安全，以防被翅片划伤。清洁展示柜外表面时，应用湿布每天擦拭一次；每周一次用含有中性洗涤剂的布清除外表污垢，再用湿布擦干；每时每刻都保持玻璃干净清洁；使用过程中，出现不正常，立即切断电源，由专业人员维修；切勿放入可燃性、挥发性的化学物品，及其他影响食品安全性的物品；在展示柜运行时，勿用水直接冲洗柜体，否则会引起故障、漏电甚至火灾。

九、肉类加工设备的使用与保养规范

1. 肉类加工设备保养方法

（1）锯骨机、绞肉机、切片机等设备使用前都要先看操作手册及注意事项，了解设备性能及操作方法，不可盲目使用。

（2）机器设备主体禁止用强力水冲刷，以免造成线路短路，发生危险；要以 80℃温水和不含荧光剂的清洁剂清洗。

（3）机器设备齿轮、滑轴部位，清洗后要用润滑油润滑，以减少磨损，延长设备使用寿命。

（4）机器设备可拆卸的部位可在水槽中用 80℃温水和清洁剂清洗。

（5）电子台秤等设备要请厂商定期维修、校正。

（6）电子台秤、电子秤称重时，不要超出其称量范围，打印头要经常用酒精棉擦拭。

（7）刀具不用时要用磨刀棒磨光，再用磨刀石磨锋利后，用温水及清洁剂洗净后放入杂物箱，以备次日用。

（8）砧板要在开店前、中午、傍晚、营业结束后清洗，每 3～4 小时清洗一次，以免细菌滋生，不要一块砧板从早用到晚。关店后晚班人员以 80℃温水和清洁剂清除肉屑，并用浸泡漂白水的毛巾覆盖在砧板上，起到消毒、漂白作用，待第二天早班人员收拾后，将漂白水冲洗掉。

2. 肉类加工设备保养注意事项

（1）设备要有专人负责、专人操作。

（2）机器设备在运转过程中，如果发生意外情况，要尽快切断电源，关上开关。

（3）机器设备不可随意拆卸，要由专业人员拆卸维修。

十、蔬果设备

蔬果设备保养得当、保证正常运作是促进销售的条件之一。日常工作中要保证设备的正确操作、保养，杜绝操作失误造成的故障。保养方法见表 9—2。

表 9—2 蔬果设备保养方法

名称	保养方法
陈列架	每日擦洗干净
冷藏柜	营业结束后擦净
电子秤	定期调试，按说明书操作规定操作，不要超限称重，每天擦拭

续表

名称	保养方法
包装袋支架	每天擦净
扎口机	保持干净、无杂物
周转箱、周转筐	定期清洗，一般每周一次
不锈钢操作台、水槽	每天冲洗干净，操作完也要冲洗
刀具	用清洁剂浸泡于热水中，擦净使用，用完立刻冲洗
包装机	营业结束关闭电源，按说明书操作，每日擦净

十一、日配品陈列设备

正确使用及保养冷藏、冷冻陈列柜（库），首先要了解其工作原理。冷藏、冷冻陈列柜风幕流动有着阻挡陈列柜外面的高温气体侵入柜内、保持陈列柜内低温的作用。如果出现外力挡住风幕出风口，就会减低流动，影响风力正常循环，从而造成陈列柜的冷藏、冷冻低温能力下降。为保证冷藏、冷冻柜正常循环使用，必须遵守装载线内陈列商品的标准。陈列柜风幕的内循环边界称为装载线，商品陈列超出装载线，会使出风口受到干扰，使出风口不能正常循环，造成柜外高温气体侵入，同时大量的外界湿气也会被吸风口吸入，使蒸发器集结大量霜，造成蒸发器翅片堵塞而不能制冷。为防止这种情况出现，必须对陈列柜进行除霜。各种陈列柜由于柜内的使用温度不同及所处环境的温度、湿度不同，应具有不同的除霜设定，以保证陈列柜具有最佳的冷藏、冷冻能力。陈列柜的运行状况，最直观也最容易从温度计上反映出来，为及时掌握陈列柜的运行情况，防止商品因设备故障发生损失，应每日对陈列柜及冷库房进行 4～6 次温度检查登记。

第 3 节　电子秤的使用

学习目标

➢了解常用的电子秤

➢了解键盘介绍

➢掌握标签纸的安装

➢掌握电子秤的放置

➢掌握通电检查

➢掌握电子秤的固定价格、基本称重

➢掌握电子秤的活动价格、基本称重

➢掌握去皮操作的基本称重

知识要求

电子秤属于衡器的一种，是利用胡克定律或力的杠杆平衡原理测定物体质量的工具。电子秤主要由承重系统（如秤盘、秤体）、传力转换系统（如杠杆传力系统、传感器）和示值系统（如刻度盘、电子显示仪表）三部分组成。

一、常用的电子秤

商业门店常用的电子秤有 SM 系列台式电子秤、托利多台式电子秤、英菲台式电子秤等。商业零售门店在选择称量商品的衡器时，一般选择使用台式电子秤为多。

二、键盘介绍

电子秤的按键外形千差万别，但最基本的功能分别是下列前三项。

(1)【ON/OFF】：电源开关，如开机在空称情况下，100 秒左右会自动关机。不少电子秤会使用圆形加一竖的符号表示开关键。

(2)【TARE】或单独字母【T】表示：清零去皮键；按清零去皮键可使秤回零。例如，放器皿于秤上，按此键后秤归零，再向器皿中加入液体，秤只显示液体的质量。

(3)【MODE】：单位转换键，每按一次“MODE”键，“g”和“oz”间转换。盎司（oz）为国外常用单位，例如，黄金的美元报价通常以一盎司为单位。g 表示克，1 千克＝1 000 克＝2 斤。

(4)【ZERO】：称重方式下，归零。

(5)【←】：设置方式下作为减少键。

(6)【→】：设置方式下作为增加键。

(7)【MR】：记忆键，按下后显示已经保存的称重记录或总质量。

(8)【MC】：TARE 和 MR 组合键，显示保存的称重记录时，按下，称重记录清除。

(9)【M＋】：保存此次称重记录，并将质量累加到总质量。

(10)【PRINT】：按 2 秒启动打印功能。

(11)【CHECK】：按 2 秒进入设置上下限模式。

(12)【UNIT】：称重方式下，选择质量单位为公斤、克、磅或吨。

（13）【SHIFT】：设置方式下作为移位键。

三、标签纸的安装

电子秤每称量一次，就会打印出一张标签纸。标签纸是电子秤的耗材，为保证称量，一旦标签纸用完，就要及时更换。更换标签纸的步骤如下。

（1）将打印头控制杆调到“OFF”位置。然后取出打印盒。

（2）取下打印盒上的压纸框及残留的标签纸。

（3）按照标签纸打印走向安装上新的标签纸。

（4）将打印盒复位并将打印控制杆调到“ON”位置。

（5）关上打印盒的外罩。

四、电子秤的放置

（1）将电子秤放置于水平稳固的台面上使用。电子秤放好后，要调节秤脚螺栓，使秤台保持平衡状态（勿放于摇动或震动台架上）。当电子秤处于水平状态时，水平仪中的水泡刚好处在两根刻度线之内的位置上。

（2）打开电源时，秤盘上请勿放置任何物品，等归零稳定后方可称重。

（3）使用电子秤前，建议开机预热 15～20 分钟，以确保称量的精确度。

（4）电子秤使用的环境温度为 0～40℃，湿度为≤85％。

（5）校准天平。以下情形需校准天平。

1）天平首次使用之前。

2）称重操作进行了一段时间。

3）放置地点变更之后。

4）环境温度剧烈变化后。

五、通电检查

（1）使用直流供电时，应注意适时对电池进行充电，以防电池电压过低不能正常工作或不开机。在不使用、不充电时应将电源开关关闭。

（2）打开电子秤开关，电子秤将会进行自检。电子秤在自检时，显示器各挡位最后显示数字为 0。

（3）电子秤接上电源后，若发生显示数不稳定、乱跳，应切断电源，重新通电检查。

（4）机内不得注入水和杂物，以防电子元件损坏和触电。

（5）电子秤是精密计量器具，其维修调试只能由技术人员负责，其他人不得擅自拆修。

(6) 电子秤使用注意事项如下。

1) 显示屏与操作面板，可以用湿毛巾擦拭，但不得将其浸泡到水中清洗。

2) 当显示屏有不归零的情况出现，按［ZERO］键，便可自动归零。

3) 开机时，若附近有移动电话正在使用或有其他电磁干扰，则显示屏可能闪动一下，随即恢复正常。若不能恢复，重新开机一次。

4) 充电时一定要使用本机所配的充电器。

5) 蓄电池经长时间使用（一年以上)，发现每次充电 12 小时以上却无法长时间使用，表示蓄电池已老化，应更换蓄电池。

6) 为节约用电，在光线充足时，将背光照明关闭。若长时间不使用，应将电源关闭。

7) 当显示屏出现充电警告，电池符号闪烁时，应尽快充电。

六、电子秤的固定价格、基本称重

基本称重，按一下“去皮/置零”键，将天平清零，等待天平显示“0.00g”，在秤盘上放置被测物。待称重稳定后，即可读取质量读数。

电子秤的固定价格，就是将商品的品名、商品代码、每千克单价等基本信息储存在电子秤内。在称重时，只要按下相应的代码键，就能实现基本称重。固定价格的商品可在后台计算机编制商品基本信息。电子秤固定价格基本称重的步骤如下。

(1) 营业员将商品置于电子秤上。

(2) 按电子秤控制面板上相应的商品代码键，显示器上就会显示出该称重商品的质量、单价和总价。

(3) 营业员按“总计打印”键打印出商品标签即可。

七、电子秤的活动价格、基本称重

也有一些商品因其商品性质相同，不需要进行单品管理，且由于品种繁多，单价又经常变动，无法用固定价格来进行基本称重。因此，系统对这些商品的处理就采用活动价格的方法。

简言之，就是对这些商品中的每一类都提供一个商品代码，即称重码。商品的称重码共由 13 位数码组成。

在电子秤活动价格基本称重时，营业员需临时在电子秤上输入单价，称出质量，打印出标签，使该商品可通过 POS 机销售。

八、去皮操作的基本称重

在进行称量时，有些商品需要放上托盘，以保证电子秤的清洁和方便称重，这些商品多为农副产品、食品等。这些商品由于是与托盘一起称重的，所以，在称量时必须将托盘的质量去除，去除托盘质量的称重称为去皮操作。去皮操作的具体步骤如下。

（1）检查电子秤的通电情况，是否处于待工作状态。

（2）将托盘放置在电子秤上，再按电子秤控制面板上的“去皮”键。

（3）当控制面板上的显示屏所显示出的质量为 0 时，再将要称量的商品放在托盘中，进行称量、计价。

第 4 节　防火安全规范

学习目标

➢了解防火安全知识

➢了解消防工作方针

➢掌握消防报警方法

➢掌握消防器材使用与管理

➢了解防火安全规定

➢掌握不同区域的防火安全要求和不同人员的防火安全职责

知识要求

一、防火安全知识

（1）营业员应严格遵守各项消防法规和防火安全管理制度，严格按照各岗位的操作规程作业。贯彻执行“以防为主、防消结合”的消防工作方针，以及“谁主管，谁负责”的消防工作原则。

（2）应积极参加各项消防工作、活动，认真执行本岗位的防火责任制，对违反防火安全的行为，人人有权予以制止和纠正。

（3）营业员必须学会使用和掌握消防器材的性能及使用方法，会报火警“119”、匪警

“110”和救护“120”。

（4）商场消防器材不得挪作他用，不得擅自移位。消防设施周围和配电箱（板）前不准堆放物品，商场通道必须畅通。

（5）严禁擅自动用明火，严禁在商场、仓库内吸烟。

（6）严禁在商场内私自使用各种电热器具等。

（7）严禁将易燃易爆、有毒有害物品带入门店、仓库内。

（8）严禁私自乱拉、乱接临时电源线。

（9）严格遵守值班制度，准时上岗、坚守岗位，做好巡查记录。

二、消防工作方针

1. 消防工作的基本方针

消防工作的基本方针是：“预防为主，防消结合。”

（1）人人必须遵守消防规章制度。

（2）爱护消防设施和器材，学会灭火器的使用。

（3）把消防工作与生产放在同等重要的位置。

（4）加强消防意识，时刻保持警惕。

（5）预防为主。

2. 消防工作的基本原则

消防工作的基本原则是“谁主管，谁负责”和“专门机关与群众相结合”。

三、消防报警方法

1. 发生火灾时的报警

（1）一般情况下，发生火灾后应一边组织灭火一边及时报警。

（2）当现场只有一个人时，应一边呼救，一边进行处理，必须尽快报警，边跑边呼叫，以便取得群众的帮助。

（3）按照火灾的级别和大小决定拨打内部或外部报警电话。

2. 报警时的注意事项

发现火灾迅速拨打火警电话“119”。报警时沉着冷静，要讲清详细地址、起火部位、着火物资、火势大小、报警人姓名及电话号码，并派人到路口迎候消防车。

四、消防器材使用与管理

1. 消防设施和消防器材

（1）消防设施。消防设施是指用于火灾报警、防火排烟和灭火的所有设备。店铺主要的消防设施如下。

1）火灾警报器。当发生火灾时，超市的警报系统则发出火警警报。

2）烟感/温感系统。通过对温度、烟的浓度进行测试，当指标超过警戒时，则烟感/温感系统发出警报。

3）喷淋系统。当火警发生时，喷淋系统启动，屋顶的喷淋头会喷水灭火。

4）消火栓。当火警发生时，消火栓的水阀打开，喷水灭火。

5）防火卷闸门。当火警发生时，放下防火卷闸门，可以隔离火源，阻止烟及有害气体的蔓延，缩小火源区域。

6）内部火警电话。当火警发生时，所有人员均可以拨打内部火警电话报警，便于迅速组织灭火工作。

（2）消防器材。是指用于扑救初起火灾的灭火专用轻便器材。主要的消防器材有以下几种。

1）手提式二氧化碳灭火器（或推车式 ABC 干粉灭火器、推车式二氧化碳灭火器）。

2）消防扳手、消防斧。

3）消防头盔、消防面具、口罩。

4）救生绳、备用水带、水枪。

5）铁锹、铁铲、消防桶、斗车、沙袋等。

2. 消防器材管理

消防设施是人身安全的重要保证，任何消防器材和消防设施必须保证性能灵敏可靠，运行状况良好。

（1）商场中所有的消防报警设施、灭火器材必须建立档案登记，包括在商场中的分布图，安全部门、工程部各留档案备案。

（2）安全部门全权负责商场所属的消防报警设施、灭火器材的管理，负责定期检查、试验和维护修理，以确保性能良好。

（3）除每月检查外，在重大节日前，安全部门要对场内所有的消火栓、灭火器等器材、装备进行特别检查和试喷，并在器材检查表上签字确认。

（4）各部门对本部门区域内设置的消防器材，由义务消防员进行管理和定期维护，发现问题要及时上报安全部门。

（5）严禁非专业人员私自挪用消防器材，各部门的消防器材因管理不善而发生丢失、损坏，该部门应承担一定责任或赔偿经济损失。

（6）消防器材放置区域不能随意挪动，或改做商品促销区域。在划定的区域内，不能陈列、促销商品，更不能随意在消防器材上休息或置放物品。保持器材区域内的通畅，严禁以任何理由阻挡、遮拦、装饰、侵占、利用、拆除消防设施及消防标志。消防器材箱前1米禁止堆物，并用黄线标注，消防箱内严禁存放物品，消防箱严禁私自移位。

（7）禁止无关人员动用消火栓内的设备，禁止将消火栓用于其他工作。动用消火栓必须向安全部门报告。

（8）消防器材，特别是灭火器，必须按使用说明进行维护，包括对环境和放置的特殊要求。

五、防火安全规定

（1）收银机、传真机、电饭煲、塑封机不使用时应立即切断电源。

（2）商场仓库内库存物品应分垛储存，每垛占地面积不宜大于100平方米。

（3）仓库的主通道宽度不少于2米，通道保持通畅。

（4）经常检查消防器材，发现缺损、失效应及时调换齐全。

（5）工作人员巡查商场、通道，要做好巡查记录。

（6）营业员应懂得处理初起火灾，会组织人员疏散。

（7）电器插座部位严禁堆放物品。配电室、机房内、“红禁线”内禁止堆物。

六、不同区域的防火安全要求和不同人员的防火安全职责

1. 商场和仓库的防火要求

（1）要保持商场通道畅通，商品堆放至少要空开90厘米，大门、边门、后门禁止堆物。

（2）库房中不能安装电气设备，所有线路和灯头都应安装在库房通道的上方，与商品保持一定的距离。

（3）消防喷淋头距离商品必须大于0.5米。

（4）仓库中不能使用碘钨灯、日光灯、电熨斗、电炉子、电烙铁等，使用的电灯泡不能超过60瓦，必须使用防爆灯、防潮灯。

（5）仓库内堆放物品必须保持80厘米通道，与灯具保持50厘米的间距。

（6）库房中所设置的临时电线不能超过两星期。

（7）库房中严禁使用明火，严禁吸烟。

（8）易燃易爆商品必须严格按规定存放，不能与其他商品混放。

（9）仓库必须配备消防器材，消防器材的附近不能存放商品与杂物。

2. 商场和仓库的防火检查

（1）工作人员经常检查消防器材，发现缺失、失效应及时调换齐全。

（2）工作人员巡查商场、通道，要做好巡查记录。

（3）巡查人员要准时上岗，做好交换班工作，不得溜岗，擅自离岗。

（4）巡查人员检查修理电气设备要切断电源。

（5）禁止无关人员进入仓库，仓库内不能摆放办公桌办公，不能做更衣室和休息场所，不能堆放私人物品。

3. 仓库工作人员防火安全职责

（1）遵守商场“防火安全制度”和各项防火制度。

（2）仓库要有专人负责管理，管理人员必须经过专门培训，掌握灭火技能后方能上岗。

（3）人员离开仓库必须关好门窗，关掉照明灯具，下班要切断电源，并做好记录。

（4）必须每天检查照明灯具的使用情况，发现损坏及时汇报，以便及时整改。

4. 寄包台工作人员防火安全职责

（1）遵守商场防火安全制度和各项防火制度。

（2）严禁接收易燃易爆物品、剧毒有害物品。

（3）阻止无关人员进入寄存包工作场所。

（4）发生火灾事故时，应保护好顾客寄放的物品，不得擅自脱岗。

（5）寄存包处应把“包袋寄存请不要放现金和贵重物品，遗失本人负责”牌贴在明处，使顾客能看得清楚，并提醒寄包顾客注意。

第5节　防盗窃管理

学习目标

➢了解内盗防范的值班措施

➢掌握收银环节的防内盗措施

➢掌握对内盗的惩罚措施

➢了解外盗的特点及防范措施

知识要求

一、内盗防范的值班措施

（1）精品柜营业款全部上账登记，阻止无关人员进入寄存包工作场所。

（2）严格遵守二人值班制度，准时上岗、坚守岗位，做好巡查记录。

（3）门店职工一律下班购买本店商品，并由值班干部监督。

（4）商品削价处理要办理削价处理手续。

二、收银环节的防内盗措施

（1）收银员不得在未打烊时就在收银处清点现金。

（2）收银员触及精品柜销货款不得超过规定金额。

（3）超市营业款一律由收银员打入收银机。

（4）收银员要交清一天的营业款，不得截留现金（除备用金外）。

（5）收银员离开收银台时应拔出钥匙，锁上抽屉。

（6）收银员在做退款操作时必须根据规定操作要求进行，不得擅自进行特殊业务操作（包括删除一笔销售、部分交易取消、整笔交易取消、折扣、小计、挂账等）。

（7）门店当班负责人每天要不定时对收银员进行至少一次的随机抽查。

三、对内盗的惩罚措施

（1）内部工作人员有偷窃行为的，按情节轻重分别处以扣罚金额、行政处分、解除劳动合同。

（2）员工发现物资、商品、现金被盗被骗在规定金额以上的，在 24 小时内向安保部或有关部门报告。

（3）有报警联网系统的门店，应有专人负责开启、关闭系统。

四、外盗的特点及防范措施

外盗的形式主要有团伙盗窃、惯窃、偶生贪念的顺手牵羊者。团伙盗窃的特点是顺手牵羊者多；惯窃的特点是专业盗窃；偶生贪念的顺手牵羊者的特点是分散作案目标。针对不同的外盗形式采取的防范措施如下。

（1）团伙盗窃的防范措施：垂直巡查。

（2）惯窃的防范措施：特殊时间段巡查。

（3）偶生贪念的顺手牵羊者的防范措施：重点注意商场死角。

第 6 节　突发事件的处理

学习目标

➢了解突发事件的类型

➢了解突发事件处理小组

➢熟悉突发事件处理原则

➢熟悉火灾的处理

➢掌握停电的处理

➢掌握抢劫的处理

➢了解新闻曝光处理

知识要求

一、突发事件的类型

1. 人身意外

人身意外是指顾客或店员在店内发生人身意外。

2. 突然停电

突然停电是指在没有任何预先通知下的营业时间内突然停电。

3. 火灾

火灾有一般火灾和重大火灾之分。

4. 恶劣天气

恶劣天气是指台风、暴雨、高温等天气。

5. 示威或暴力

示威或暴力是指由于政治性原因引起的游行示威行动。

6. 威胁、恐吓

威胁、恐吓是指商店接到信件、电话等威胁或恐吓。

7. 抢劫

抢劫是指匪徒抢夺收银台或顾客的金钱。

8. 骚乱

骚乱是指店内或进出口处发生的骚乱。

9. 爆炸物

爆炸物是指店内发现可疑物或可疑爆炸物。

二、突发事件处理小组

店长必须预先成立突发事件处理小组，真正做到对突发事件有准备、有预防，这样在事故发生时，才能够迅速、有效、有重点地进行灾中、灾后的抢救处理工作，将损失降到最低程度。各部门必须将紧急事件处理小组的组织名单、岗位分配列成名册送总部备案。

1. 成立突发事件处理小组

（1）组长。由商店的店长担任，负责指挥、协调救灾现场的作业，掌握全局事态的发展动向，并及时向总部汇报事态发展的状况和解决处理的结果。

（2）副组长。由安全部主管担任，协助店长进行指挥，执行各项任务，负责对外报案及内外通信联络，负责切断所有电源，实施临场全面的救灾工作，控制灾情的进一步扩大。

（3）人员疏散组。组长由店长担任，组员由广播员、理货员、安全员等组成。

1）播音。广播员要及时广播店内的发展状况，语音沉着，语速和平常一样，不能过分紧张，否则可能导致局势难以控制。

2）打开通道。安全员要尽快打开所有安全门、紧急出口及收银通道。

3）疏散人员。要迅速疏导顾客从安全门出去，正确引导人员进行分流，避免人员过多从一个出口疏散而导致拥挤或事故。

4）防盗。安全人员要警戒灾区四周，防止他人趁机偷盗商品。

（4）财物抢救组。组长由店长担任，副组长由收银主管担任，主要负责抢救收银机区域、现金室的现金，计算机中心的重要文件、软盘和计算机设施等。

1）收银区域。收银员立即关上收银机，将现款交给抢救组组长带离现场。现金室人员迅速将所有现金、支票、有价证券放入保险皮箱内，由收银主管和安全主管共同带离现场。

2）计算机中心办公室。计算机部店员应将重要文件、磁盘、设备等带离现场进行保管。

（5）抢险救灾组。组长由消防主管担任，主要负责各种救灾设施和器材的现场分发、使用，水源的疏导，障碍物品的拆除，现场具体指挥灭火，配合消防人员抢救人员和物资等。组员主要由消防组员、义务消防员、工程人员等组成。

2. 制订应急方案

应急方案是商店安全工作的重要组成部分。它是以书面的形式制订的防备各种潜在的紧急情况的预备方案。

（1）建立紧急事件小组的各分组负责制和各分组店员岗位责任制。

（2）确定事件发生后的指挥中心的地点、人物。

（3）确定新闻发布的规定。

（4）各种紧急状况的处理程序。

（5）具备各种特长店员的名单、联系电话和常住地址，包括急救员、人工呼吸救助者、电工等。

（6）设备的维护和配备情况（紧急照明、备用发电机、备用排水泵、无线电对讲机等）。

（7）紧急情况下的通信，包括店内人员、消防队、公安局、红十字会、就近医院等的联系方式。

三、突发事件处理原则

1. 做好预防工作

做好日常的安全防卫工作，消灭隐患，减少紧急事件的发生。

2. 尽量减少人员伤亡、财务损失

人的生命是最珍贵的，因此，所有的救援工作的首要任务是保全和抢救人的生命，其次才是财物损失的减少。

3. 及时、迅速地进行处理

发生紧急事件后，首先要保持镇静，有序组织事件的处理，安排事情要责任分明，岗位确定，反馈迅速，一切行动听从指挥，随时调整策略以应对情况的变化。

四、火灾处理

1. 火灾报警程序

（1）火警的级别。商店内发生火灾，有一般火灾和重大火灾之分。根据商店的实际情况，暂定三种火警级别：一级火警，即有烟无火；二级火警，即有明火初起；三级火警，即火灾从时间和空间上难以控制。店长接到报警后，根据现场情况判断火警的级别，进行相应的处理。

(2) 火警的报告

1) 商店中的任何工作人员发现火情，都要向店长报告。

2) 拨打商店的内部紧急电话或报警电话，如果附近无电话、对讲机等通信设备，应迅速到就近的消火栓，按动消火栓里的红色手动报警器向控制中心报警。

3) 报警时应说明发生火灾的准确区域和时间，燃烧的物资、火势大小，报警人的姓名、身份以及是否有人员受伤等。

(3) 火警的确认

1) 控制中心接到消防报警信号后，立即确认报警区域，派两名安全员迅速赶到现场查看，迅速对火警的级别进行确认。

2) 一人留现场进行救火指挥工作，如组织人员使用现场消防器材进行扑救，如能将火扑灭，保留好现场，等候有关部门或负责人的到来。另一人则立即通知店长或相关部门。

3) 如属误报，应及时做好技术处理，通知控制中心将机器复位。

4) 如属捣乱谎报火警，通知控制中心将机器复位，并报告安全部查找有关人员。

2. 灭火程序

(1) 在通知应急处理小组后，立即拨打“119”报警电话。

(2) 应急处理小组人员听到消防警报后，应迅速赶到安全部，立即按“突发事件应急处理小组”的编制，确定行动方案，快速行动，各司其职。

(3) 各个部门在完成各自的职责后，服从“应急处理小组”的统一指挥和调配，协同配合，进行灭火、疏散、救助工作。

(4) 安全部应迅速启动自动喷淋灭火系统，关闭非紧急照明和空调，开启排烟风机，疏通所有安全门和消防通道，启动火警广播，组织人员有秩序地进行人员疏散、灭火、财产抢救、伤员救助等工作。

1) 消防系统第二次报警后，安全部人员守住门口，人员一律不准进入火灾现场，除非有消防人员的许可。

2) 安全部指派人员维持商店周围的秩序和道路通畅，到指定地点引导消防队车辆进入。

3) 工程人员赶赴现场进行工程抢险，对配电房、中心机房、消防泵房等重点部位，实行监控和必要的措施。

4) 人员疏散应由指挥中心统一指挥，管理人员要协助维持秩序，疏散顾客撤离到安全区域。

5) 收银主管立即携带现金、支票撤离到安全区域，尽量避免财产的损失。

6）计算机中心人员要保护重要文件、软件、设备，迅速撤离到安全区域。

7）其他人员备好车辆供抢险小组用，有条件的将毯子、枕头等救护物品准备好，供抢救伤员使用。

（5）火灾扑灭后，安全部要检查消防系统的运行情况，迅速查访责任人，查找火灾起因；工程部协助从技术角度通过对设备数据资料进行收集分析，查找火灾起因。由消防安全调查人员撰写正式报告，并根据财产和人员的伤亡情况，计算损失，迅速与保险公司进行联系，商讨有关赔偿事宜。

（6）制订灾后重新开业的工作计划和方案。

五、停电处理

1. 停电

（1）立即启用备用发电机，保证店内照明和收银区的作业。

（2）只能使用紧急照明、手电筒，不能使用火柴、蜡烛和打火机以及任何明火。

（3）如果收银机不能运转，收银员立即将收银机抽屉锁好，并坚守岗位。

（4）收货部停止收货。

（5）现金室停止工作，现金全部入金库锁好。

（6）安全员立即对商店的进口、出口进行控制，在暂时不知道停电时间的长短时，可先劝阻顾客暂不要进入。

（7）启动广播，安抚顾客。店长要协助安全部维持现场秩序，避免发生混乱和抢劫等；如需要停业关店的，则进行顾客疏散工作。

（8）生鲜部限量加工商品，所有电力设备做关闭电源处理，所有冷库立即封门；如果时间过长，陈列在冷柜中的商品要移入冷库中保存。

（9）所有人员坚守岗位。

（10）将停电具体情况，包括场内人数、顾客情绪以及已采取的应急措施等细节报告主管；同时将停电情况报告给工程部，请其立即检修。

（11）工程部应立即询问停电原因及停电时间长短，店长应该根据实际情况决定是否停止营业。

2. 来电

（1）全店恢复营业，各部门优先整理顾客丢弃的零星商品，并将其归位。

（2）生鲜部门检查商品品质，将变质商品立即从销售区域撤出，并对损失进行登记、拍照等。

六、抢劫处理

(1) 保持冷静，不要做无谓的抵抗，尽量让匪徒感觉正在按他的要求去做。

(2) 尽量记住匪徒的容貌、年龄、衣着、口音、身高等特征。

(3) 尽量拖延给钱的时间，以等待其他人员的救助。

(4) 在可能的情况下，趁匪徒不注意时，第一时间拨“110”报警；或在匪徒离开后，第一时间拨“110”报警。

(5) 立即凭记忆用文字记录，填写“抢劫叙述登记表”。

(6) 保持好现场，待警察到达后，清理现金的损失金额。

(7) 对持有武器、枪支的匪徒，不要与其发生正面冲突，保持冷静，在确认可以制胜时，等待时机将匪徒擒获。

(8) 匪徒离开后，立即保护现场，匪徒遗留的物品不能触摸。

(9) 匪徒离开后，将无关的人员、顾客疏散离场，将受伤人员立即送医院就医。

(10) 不允许外界拍照，暂时不接待任何新闻媒体的采访。

七、新闻曝光处理

(1) 发生新闻曝光事件，有关负责人员和部门应立即查清事件发生的真实原因，对责任有一个基本分析。

(2) 挑选训练有素的人员应对媒体的来电、来访，必要时设立专线电话。

(3) 责任尚待进一步分析的，在接待采访中应主要对受害人表示道义上的慰问，对于责任则表示尚在调查分析中，一旦有结果则立即告之，态度要诚恳。

(4) 如果新闻报道与事实确实不符，应及时予以指出并要求更正。同样，只有确切了解事实的真实原因后才能对外发布信息。

第 7 节　商店作业安全知识

➢熟悉个人防护用品的安全使用

➢掌握商店安全作业知识

➢掌握搬运、运输和装卸安全作业标准

知识要求

一、个人防护用品的安全使用

根据国家劳动法律的规定，劳动者在从事具备商场危险因素的劳动时需要个人防护用品的保护。商场通常的防护用品有以下几种。

1. 防护棉衣

当员工进入冷冻库作业时，必须穿防护棉衣。

2. 防护背心

员工长期在较低温度下作业，如在肉类加工间、蔬果加工间、近冷冻柜（冷藏柜）区域工作，必须穿防护背心。

3. 防护手套

防护手套有棉质和化学材料两种。棉质手套多用于搬运、装卸商品时保护双手，化学材质的多用于接触化学试剂时，如生鲜部门接触的清洁剂等。

4. 一次性手套

一次性手套主要在操作食品时使用，可以起到防止操作者感染皮肤和血液疾病的作用。

5. 防切手套

防止手被切割的手套。用于肉类的分割工作时保护分割者不受伤害。

6. 防护镜

保护操作者的眼睛。用于室外强阳光下的作业保护。

7. 防护头盔

用于货架的组装、拆卸或进入未完工的商场（超市、连锁店）建筑工地时使用，保护使用者的头颅不受损伤。

8. 防护腰带

防护腰带有两种：一种是高空作业的防护腰带，另一种是在从事大运动量体力劳动时，保护腰部不受扭伤的腰带。前一种特别是在高货架的仓储型超市中，高空作业时必须使用的高空防护腰带；后一种是在进行搬货、卸货、陈列或做其他仓库整理等工作时，必须使用的。

二、商店安全作业知识

1. 事前预防

（1）商店内外凡有打破的玻璃碎片及尖锐的破碎物，应立即清扫干净。

（2）受损或有裂痕的玻璃器可能有危险时，应先用胶布暂时贴住，或暂停使用。

（3）登高必须使用牢固的梯子。

（4）不可站到纸箱、木箱或其他较软而易下陷、倾倒的物品上。

（5）抬重物时，应先蹲下，再将腿伸直抬起物品。

（6）不可用背部力量抬物。

（7）只要发现走道上有任何障碍物，就应立即清除，以免顾客或店员撞到或跌倒。

（8）陈列商品的陈列架或POP展示架有凸出的尖锐物时，应整修，以免伤害到人。

（9）不得在店内奔跑，应小心慢走。

2. 事中处理

（1）若受伤害者是本店的店员，视情况后送医院治疗，并向店长汇报，严重者还应通知其家人。

（2）若受伤害的是顾客，受伤轻微，则先为顾客做简单处理，并由经理出面赠送小礼物致歉；若需送医院治疗者，则须通知店长，由店长出面及赠送礼物致歉，并负担医药费；严重者应立即通知其家属。

（3）现场要迅速清理，以免影响店铺的继续营业或再度发生意外。

3. 事后总结改善

（1）检讨事情发生的原因及实际处理的结果。

（2）做成个案，并将处理的程序与结果传达给商店的所有店员。

4. 不符合安全标准的陈列、作业方式

（1）货品陈列不当。货品陈列高度过高，或是在货架上摆放不整齐，都容易因人为碰撞而使商品倒塌或掉落，造成顾客或店员的意外伤害。

（2）货架摆设不当。货架摆设的位置不当、不稳固或是有棱角产生，都可能使顾客在购物时发生意外事故。

（3）地面缺少防滑设施。地面湿滑若未能立即处理，也会造成顾客或店员在行走时滑倒而导致受伤。

（4）工作人员作业方式不当。店员作业方式不当，可能会造成顾客或店员本身的伤害。例如，补货作业不当，大型推车使用不当，卸货作业不当，都可能造成商品掉落，砸伤或压伤顾客或店员。

三、搬运、运输和装卸安全作业标准

1. 安全搬运

（1）搬运的员工必须采取正确的姿势，遵守操作规程，以避免造成自身的伤害。

（2）搬运的员工必须使用必要的个人防护用品，以保证人身安全。

（3）搬运的员工必须正确使用搬运工具，专业的工具由专业人员操作或必须取得上岗证。

（4）搬运的员工必须有保护商品不受损失的意识，以适当的方式进行搬运，保证商品不受损坏。

（5）搬运的员工必须在劳动时注意周围的环境，既避免危险因素的侵害，又避免伤及周围的顾客、同事或设施等。

2. 安全运输

（1）从事运输工作的员工必须正确使用运输工具，主要是手动叉车、运输车等，对于电力叉车必须由叉车司机来操作。

（2）安全运输必须保证商品的摆放符合安全标准，商品摆放整齐、稳固，对于高空货架的作业，商品必须用安全皮筋或缠绕膜进行捆绑。

（3）安全运输包括空车作业过程的安全，如空车时不能载人等。

（4）安全运输中，最重要的是环境安全，必须随时注意通道的畅通，是否有积水、垃圾和障碍物，经过营业区域时应注意到儿童、顾客、购物车、商品等，电力叉车在营业区域高空操作时，必须设立围栏，规定的区域内不能有顾客。

3. 安全装卸

（1）装卸的员工必须采取正确的操作姿势，以避免造成自身的伤害。

（2）装卸的员工必须使用必要的个人防护用品，以保证人身安全。

（3）装卸的员工必须树立保护商品或物品不受损失的意识，以适当的方式进行装卸，坚决避免野蛮装卸。

（4）装卸后商品应如何摆放在安全的区域内，是员工在装卸时应考虑的安全因素之一。如果将拆卸的设施随便放在通道上，可能会伤及过往的其他员工或顾客。